江西省社会科学院学术文库

区域发展总体战略与主体功能区战略互动研究

■ 孔凡斌　李志萌　陈胜东　著

中国社会科学出版社

图书在版编目(CIP)数据

区域发展总体战略与主体功能区战略互动研究/孔凡斌,李志萌,陈胜东著.—北京:中国社会科学出版社,2016.1
ISBN 978-7-5161-7997-0

Ⅰ.①区… Ⅱ.①孔…②李…③陈… Ⅲ.①区域经济发展—研究—江西省 Ⅳ.①F127.56

中国版本图书馆 CIP 数据核字(2016)第 074810 号

出 版 人	赵剑英
责任编辑	冯春凤
责任校对	张爱华
责任印制	张雪娇

出　　版	中国社会科学出版社
社　　址	北京鼓楼西大街甲 158 号
邮　　编	100720
网　　址	http://www.csspw.cn
发 行 部	010-84083685
门 市 部	010-84029450
经　　销	新华书店及其他书店
印　　刷	北京君升印刷有限公司
装　　订	廊坊市广阳区广增装订厂
版　　次	2016 年 1 月第 1 版
印　　次	2016 年 1 月第 1 次印刷
开　　本	710×1000 1/16
印　　张	13.5
插　　页	2
字　　数	185 千字
定　　价	49.00 元

凡购买中国社会科学出版社图书,如有质量问题请与本社营销中心联系调换
电话:010-84083683
版权所有　侵权必究

《江西省社会科学院学术文库》编委会

主　任　汪玉奇
委　员　姜　玮　　毛智勇　　万建强
　　　　叶　青　　马雪松　　夏汉宁

《江西省社会科学院学术文库》总序

汪玉奇

繁荣和发展社会科学事业，是社会主义文化建设重要的组成部分。如果说，科学技术代表着一个国家的综合国力，而科学技术中包括社会科学，那么繁荣和发展社会科学就是提升和壮大综合国力的必然要求。站在这样的高度审视我们所从事的事业，审视我们所获得的学术成果，我们充满民族的责任感和时代的使命感。

江西自古以来文风鼎盛，在这片土地上，产生了一大批光耀中华史册的文化名人。辉煌的历史必然给历史的传承者提出一个责无旁贷的问题：学术薪火能否在一代又一代的传承中熊熊燃烧下去？江西省社会科学院作为全省社会科学的研究中心和最高机构，必须响亮而坚定地回答这一问题。

——我们要与时俱进，追踪社会主义现代化建设的新情况、新问题，为发展马克思主义，丰富中国特色社会主义理论体系奉献更多的创新性成果。

——我们要紧贴江西科学发展、进位赶超、绿色崛起的发展大局，探寻欠发达地区加速推进现代化的规律与路径，为省委、省政府决策服务，成为真正意义上的智库。

——我们要精心整理和研究江西极为丰富的历史文化遗产，使其中的精华得以传承、弘扬和光大。

于是，我们勤奋，我们敬业，我们耕耘，我们收获。中华文明在很大程度上是文字铸造的文明，古往今来，中国的学者们都注重著书立说。在"十二五"开局之年，我们隆重地搭建"江西省社会科学院学术文库"，以此报效故园、报效国家、报效时代。

目 录

第一章 绪 论 ……………………………………………… （1）
　一 研究背景及意义 ……………………………………… （1）
　二 主要内容 ……………………………………………… （3）
　三 创新之处 ……………………………………………… （5）
　四 学术价值及社会价值 ………………………………… （7）
第二章 区域发展战略与主体功能区战略互动研究的
　　　 理论基础 ………………………………………… （9）
　一 基础概念界定 ………………………………………… （9）
　二 基础理论 …………………………………………… （13）
第三章 区域发展战略与主体功能区战略互动关系的
　　　 理解 ……………………………………………… （24）
　一 区域发展战略梗概 ………………………………… （24）
　二 主体功能区战略 …………………………………… （26）
　三 区域发展战略与主体功能区战略互动关系的理解 … （29）
第四章 国家区域发展战略与主体功能区战略对江西
　　　 发展战略的影响 ………………………………… （35）
　一 国家"十三五"区域发展战略趋势 ………………… （35）
　二 国家主体功能区战略趋势分析及江西机遇和挑战 … （53）
　三 国家区域发展战略与主体功能区战略相
　　　结合的现实条件 …………………………………… （64）
第五章 江西区域发展战略与主体功能区战略

　　　　实施情况及互动关系 …………………………………（81）
　　　一　江西区域发展战略实施情况及其经验和教训 ………（81）
　　　二　江西省区域发展战略实施效果分析 …………………（87）
　　　三　区域发展战略与主体功能区战略之间矛盾关系 ……（93）
　　　四　促进江西区域发展战略与主体功能区战略
　　　　　相结合的政策方案 …………………………………（95）

第六章　"两大战略"互动下的江西区域发展总体
　　　　战略规划 ………………………………………………（103）
　　　一　江西"十三五"区域发展战略定位与主体功能区
　　　　　定位 …………………………………………………（103）
　　　二　"两大战略互动下"的江西省区域发展战略重点 …（110）

第七章　江西争取进入国家"十三五"发展规划的
　　　　重大项目规划 ………………………………………（117）
　　　一　重点开发区域的重大项目 ……………………………（117）
　　　二　限制开发区域的重大项目 ……………………………（126）
　　　三　禁止开发区域的重大项目 ……………………………（137）

第八章　江西"十三五"区域发展总体战略与主体功能
　　　　区战略同步实施的途径与政策规划 ………………（144）
　　　一　重点开发区发展途径与政策规划 ……………………（144）
　　　二　限制开发区发展途径与政策规划 ……………………（164）
　　　三　禁止开发区（重点生态功能区）发展途径与
　　　　　政策规划 ……………………………………………（174）

附件：长江经济带兄弟省市实施区域发展战略与主体功
　　　　能区战略的经验借鉴 ………………………………（180）
　　　一　武汉城市圈 ……………………………………………（180）
　　　二　江淮城市群 ……………………………………………（186）
　　　三　长株潭城市群 …………………………………………（191）
　　　四　海峡西岸城市群 ………………………………………（196）

参考文献 ……………………………………………………（202）

第一章 绪 论

一 研究背景及意义

党的十八大报告强调优化国土空间开发格局，加快实施主体功能区战略，推动各地区严格按照主体功能定位发展，构建科学合理的城市化格局、农业发展格局、生态安全格局。主体功能区既是一个国土空间规划，同时又具有强烈的区域经济政策色彩，是通过国土空间规划的方式来实现区域经济协调发展的目的，落实主体功能区战略是推动区域协调发展，建设生态文明的迫切需要①。

"十一五"期间，国家颁布实施了《全国主体功能区规划》，明确了我国合理的空间开发结构，根据不同区域生态系统的特点和承载力，现有开发强度和发展潜力，将国土空间分为优化开发区、重点开发区、限制开发区，禁止开发区四类，对各类主体功能区给予科学准确的定位②。《全国主体功能区规划》是生态经济理论在国土空间管理中的应用成果。20世纪80年代，是我国生态经济创建发展的时期，生态保护理念日益深入人心，越来越多的人认识到，生态与经济必须协调发展。经济社会发展必须建立在生态资源环境承载力的范围内，不能超过生态系统自我调节能力的阈值，生

---

① 《坚定不移沿着中国特色社会主义道路前进为全面建成小康社会而奋斗》，中国共产党第十八次全国代表大会报告，2012年11月8日。
② 国务院：《全国主体功能区规划》，国发〔2010〕46号，2010年12月21日。

态系统承载力才具有可再生性。四类开发区的主体功能不同，因而它的开发内容、开发方式也不同，国家在不同主体功能区的政策支持重点也不同。但各主体功能区同等重要，相互联系。优化开发和重点开发区是指城市化地区，主要功能是增强综合经济实力，同时保护好耕地和生态环境；农产品主产区的主要功能是提高农业综合生产能力，同时保护好生态环境，在不影响主体功能的前提下，适度发展非农产业；重点生态功能区的主要功能是增强生态产品供给能力，同时可适度发展不影响主要生态功能的适宜产业。

区域发展战略具有全局性、战略性、长期性、稳定性和政策性的特点，必须针对国土空间范围和布局来制定。1978年以前，我国主要采取的是均衡发展战略，力图在整个国土空间均衡地进行生产力尤其是工业生产力的布局，导致了较慢的经济增速，整体发展效果欠佳。1978年开始实施改革开放后，党中央决定实施非均衡发展战略，产业梯度转移理论、反梯度理论和区位开发理论成为发展的重要理论基础。20世纪80年代至90年代初期，根据我国东部地区易受海外发达地区的经济辐射和承接产业梯度转移的特点，国家的投资生产布局向沿海地区倾斜，同时给予沿海地区更多的政策优惠，达到东部地区优先发展，先富带后富，最终实现共同富裕。党的十八届三中全会后，党和政府基本确定了三大区域发展战略，即京津冀一体化建设、"一带一路"建设及长江经济带建设，这三个区域规划基本覆盖了中国未来社会经济发展的重点区域，是我国最重要的区域发展战略。全面分析这国家区域发展战略的战略定位、战略重点和战略布局及主要政策，对于理解和把握国家"十三五"区域发展战略的趋势和走向极其重要。根据国家区域发展战略对江西的影响，科学合理地调整区域发展整体战略具有重大意义。

实现区域发展战略与主体功能区战略互动发展，根据国土空间最新布局及创新国土空间开发管理，是我国在发展过程中保护和改善生态环境的成果，对合理区域发展布局，保证我国全面建成小康社会，实现人与自然和谐发展具有深远的指导和现实意义。本书以江西为研究对象，推进形成主体功能区，促进区域协调发展，引导经济布局、人口分布与资源环境承载能力相适应，通过制定实施有针对性的政策措施，促进国家区域发展战略与主体功能区是战略互动发展，对加强和推进江西区域发展意义重大。

二 主要内容

本书共分八章，以理论为先导，对区域发展战略与主体功能区战略互动关系，及其对江西发展战略的影响，重点提出了江西"十三五"区域发展总体战略规划、争取进入国家"十三五"发展规划的重大项目，并提出了区域发展总体战略与主体功能区战略同步实施的途径与政策规划。

（一）阐述了区域发展战略和主体功能区战略的基本内涵、区域发展总体战略与主体功能区战略概念及互动关系；回顾了生态经济学、生态学及可持续发展理论等相关理论，对系统分析、能值评价、资源环境承载力分析等研究方法进行了分析。

（二）分析了我国区域发展战略的演变历程，继续实施区域发展战略的现实意义。对我国的主体功能区规划进行分析，认为区域发展战略与主体功能区是战略互动关系，区域发展战略与主体功能区战略是侧重点不同的两大战略，推进形成主体功能区是为了落实好区域发展战略，深化细化区域政策，更有力地支持区域协调发展。区域发展战略和主体功能区战略相辅相成，共同构成了我国国土空间开发完整的战略格局，主体功能区战略与区域发展战略之间为动态的互动关系[①]。

（三）分析了国家区域发展战略与主体功能区战略对江西发展战略的影响。对国家"十三五"区域发展战略趋势进行分析，分

---

① 温家宝：《关于制定国民经济和社会发展第十二个五年规划建议的说明》，2010年10月15日。

析了国家区域发展战略的重大调整方向，国家区域发展战略调整对江西区域发展整体战略的重大影响，江西对接国家区域发展战略调整的重大机遇和挑战，国家主体功能区战略趋势分析及江西机遇和挑战，党的十八大以后国家实施主体功能区战略发展趋势，国家实施主体功能区战略对江西的重大影响；江西对接国家实施主体功能区战略的机遇和挑战，分析了国家区域发展战略与主体功能区战略相结合的现实条件，长江经济带建设战略与主体功能区战略，生态文明先行示范区建设与主体功能区战略，鄱阳湖生态经济区建设战略与主体功能区战略，赣南原中央苏区振兴发展战略与主体功能区战略。

（四）分析了江西区域发展战略与主体功能区战略实施情况及互动关系。江西区域发展战略实施情况及教训，其中包括以农村为重点的区域发展战略，南门北港发展战略，京九线、浙赣线大实质发展战略，"龙头昂起、两翼齐飞、苏区振兴、绿色崛起"发展战略等。分析了江西区域发展战略实施情况、区域发展战略目标、存在的问题、区域发展战略实施成效。分析了区域发展战略与主体功能区战略之间的矛盾关系。并针对江西"两大战略"之间的矛盾，提出促进江西区域发展战略与主体功能区战略相结合的政策方案。

（五）分析了"两大战略"互动下的江西区域发展总体战略规划。江西"十三五"区域发展战略定位与主体功能区定位、国家对江西省的区域发展规划定位和主体功能区定位、江西省区域发展整体战略和主体功能区战略具体定位。分析了"两大战略互动下"的江西省区域发展战略重点，江西"十三五"区域发展战略重点、江西"十三五"区域发展重点战略的基本依据、江西主体功能区战略重点。

（六）分析了江西争取进入国家"十三五"发展规划的重大项目规划。重点开发区域的重大项目：主要包括加快"昌九新区"建设、进一步打造赣东北开放合作高地、打造赣西产业转移升级示范区、京九沿线城镇发展带和沪昆沿线城镇发展带、构建现代交通运输网络加强基础设施建设；限制开发区域的重大项目：江西农业优势产业带和特色产业带建设、建设一批高水平现代农业示范区和国家有机食品生产基地、建设粮食生产核心区和主要农产品优势区等重大建设项目、实施一批森林质量提升工程、重点生态公益林保护与功能提升工程；禁止开发区域的重大项目：规划实施鄱阳湖流域水土流失治理和地质灾害防治工程、鄱阳湖湿地生态修复与保护工程、赣东北生态屏障建设工程、赣南原中央苏区生态扶贫综合改革实验示范区建设工程。

（七）江西"十三五"区域发展总体战略与主体功能区战略同步实施的途径与政策规划。重点开发区发展途径与政策规划，沿长江城市群与新型城镇建设途径与支持政策，现代产业群建设途径与保障措施；限制开发区发展途径与政策规划，农业优势产业带建设途径与支持政策，农业特色产业带建设途径与保障措施，禁止开发区（重点生态功能区）发展途径与政策规划，建设途径、支持政策。

三　创新之处

（一）观点创新。阐明了区域发展战略与主体功能区战略互动关系，认为区域发展战略与主体功能区战略是侧重点不同的两大战略，推进形成主体功能区是为了落实好区域发展战略，深化细化区域政策，更有力地支持区域协调发展。区域发展战略和主体功能区战略相辅相成，共同构成了我国国土空间开发完整的战略格局，主体功能区战略与区域发展战略之间为动态的互动关系，主体功能区战略是对区域发展战略的规范、约束和引导，但应该根据科学发展的需要服务于区域发展战略，而不能成为区域发展的障碍。随着区域发展战略的实施和推进，一定国土空间的主体功能也会随之发生变化，主体功能区规划和区域发展战略也应该做相应调整。尽管实行主体功能区规划可能导致区域经济差距的再次扩大，但是这种政策最有利于促进总体经济增长，符合科学发展观。因此，有必要对区域协调再认识，以主体功能区战略为主，构建区域政策体系，建立区域协调发展机制，将基本公共服务均等化作为区域协调最重要的目标，在居民享受均等基本公共服务的基础上，促进整体经济效益的可持续提高，而不是单纯追求各地区经济差距的缩小。

（二）思路创新：按照全国和江西省主体功能区规划确定的不同类型地区的主体功能定位，提出完善我省现有国家和省级区域发展战略的总体思路。全面梳理和分析了江西区域发展战略实施情况、经验教训及实施效果，提出要化解"两大战略"矛盾，必须处理好六大关系即开发与发展的关系、主体功能与其他功能的关系、主体功能区与区域发展总体战略的关系、主体功能区与农业发展的关系、能源和矿产资源开发的关系、政府与市场的关系。阐明"两大战略"互动下的江西区域发展总体战略规划。结合"十三五"发展形势，以及江西"国家生态文明先行示范区"的建设，着眼于落实国家和江西省主体功能区战略，分析江西区域发展战略存在的主要问题，提出合乎江西实际的各个主体功能区，即重点开发区、限制开发区、禁开发区等相应的重大项目布局，力图设计有影响力、有前瞻性、可操作性强的区域发展战略，对江西长远发展，特别是对江西"十三五"发展具有重要的指导性。

（三）方法创新：本书以生态经济学、生态学及可持续发展理论等为指导，运用系统分析、能值评价、资源环境承载力分析等研究方法，探讨区域发展战略与主体功能区战略互动关系，国家区域发展战略重大调整对江西区域发展的影响，分析"十三五"期间江西在对接国家区域和主体功能区战略机遇与挑战，同步实施的途径与政策规划。

四 学术价值及社会价值

本书以生态经济学、可持续发展理论等为指导，运用系统分析、能值评价、资源环境承载力分析等研究方法，探讨区域发展战略与主体功能区战略互动关系。明确促进区域协调发展是全面建成小康社会、逐步实现共同富裕和加快推进社会主义现代化建设的重大战略任务，实施区域发展战略则是促进区域协调发展的重要途径。进行主体功能区规划和推进主体功能区建设，是为了规范空间开发秩序，形成合理的空间开发结构，根据现有经济技术条件下各空间单元的资源环境承载能力和开发潜力，按照国土空间整体功能最大化和各空间单元协调发展的原则，对国土空间按发展定位和发展方向进行空间划分，实行分类管理。与主要着眼于缩小地区差距的区域发展总体战略不同的是，主体功能区规划主要着眼于国土优化开发，优化国土空间开发格局是生态文明建设的首要任务。两者的有机结合是优化资源配置，实现科学、持续发展的根本。推进形成主体功能区是为了落实好区域发展战略，深化细化区域政策，更有力地支持区域协调发展，区域发展战略和主体功能区战略相辅相成，共同构成了国土空间开发完整的战略格局。

本研究按照全国和江西省主体功能区规划确定的不同类型地区的主体功能定位，提出完善我省现有国家和省级区域发展战略的总体思路。结合"十三五"发展形势，以及江西"国家生态文明先行示范区"的建设，着眼于落实国家和江西省主体功能区战略，分析江西区域发展战略存在的主要问题，提出要依托国家发展战略平台，利用国家给予江西省的先行先试权，找准发展战略重点，精心规划一批对区域发展和主体功能区发展战略有重大支撑和推动作用的重大发展项目和重大工程，并争取进入国家"十三五"发展规划，获得中央实质性支持，推动江西区域发展战略和主体功能区战略的同步实施。提出江西区域战略如何融入"一带一路"、"长江经济带"国家战略的对策建议,将进一步明确江西在全国新一轮发展中的战略定位、政策创新要点,具有较高的学术价值及社会应用价值。

第二章　区域发展战略与主体功能区战略互动研究的理论基础

区域发展战略具有全局性、战略性、长期性、稳定性和政策性，一定的国土空间具有多种功能，但必有一种主体功能，因其区域的资源环境承载能力、现有开发密度和发展潜力等因素确定为特定的功能类型。区域发展战略与主体功能区战略是侧重点不同的两大战略，两者是一种互动关系。推进形成主体功能区，有利于坚持统筹区域发展，促进区域协调发展；有利于引导经济布局、人口分布与资源环境承载能力相适应，促进经济、人口、资源环境的空间均衡；有利于政府制定实施有针对性的政策措施，加强和改善区域调控[1]。区域发展战略与主体功能区战略的确定，并促进两大战略互动有着深厚的理论基础和支撑。

一　基础概念界定

（一）区域发展战略的基本内涵与特征

区域发展战略是指对一定区域内经济、社会发展有关全局性、长远性、关键性的问题所作的筹划和决策。具体地说，区域发展战略是指在较长时期内，根据对区域经济、社会发展状况的估量，考虑到区域经济、社会发展中的各方面关系，对区域经济发展的指导

---

[1]《全国主体功能区规划》，国发〔2010〕46号，2010年12月21日。

思想、所要达到的目标、所应解决的重点和所需经历的阶段，所作出的重大的、具有决定全局意义的谋划，核心是要解决区域在一定时期内的基本发展目标和实现这一目标的途径，其主要内容包括制定战略的依据、战略目标、战略重点以及战略措施等①。

1. 区域发展战略具有全局性、战略性、长期性、稳定性和政策性。区域发展战略不是较低级别的行政管理部门针对国土空间中某一狭小区域的发展所制定的短时期、临时性的发展措施，而是由省级或省级以上行政主管部门针对较大国土空间范围的经济和社会发展所制定的具有前瞻性和长期性的发展战略，为保证区域发展战略的顺利实施和推动，通常会辅之以配套的相关政策和措施。

2. 我国区域经济发展战略实行全局较均衡但局部不均衡的发展战略。为实现经济和社会目标的需要，我国实行非均衡发展战略，目标即实现共同富裕，实行协调发展战略。我国区域经济发展战略的精髓就是从"先富到后富再到共同富裕"。正如邓小平指出："我们提倡一部分地区先富起来，是为了激励和带动其他地区也富裕起来"，逐步实现共同富裕。在区域经济协调发展战略指导下，我国地区经济结构发生重要变化，将逐步形成地区经济协调发展的新格局，实现全国同步小康的目标。

3. 我国区域经济发展战略发展的主要趋势。坚持区域经济协调发展，逐步缩小地区发展差距。一是区域经济协调发展。区域间加大开放协作力度，按照市场规律和经济内在联系及地理自然特色，突破行政界限，在已有经济布局的基础上，以中心城市和交通要道为依托，形成多个跨省市区的经济区域，发展各区域优势产业，避免产业结构趋同，促进区域经济在高起点上向前发展。二是多极增长发展。如长江经济带发展战略、

---

① 《区域经济发展战略》，《MBA智库百科》，http://baike.baidu.com/link?url=XIN1xgbt——32uD4vJw20L98T3B6DeRG7qnGtCSZQwsMqizvX6G——u8m0NOmr3J5L6sXj78kVKTqtHn0UaJY4so3a。

长江中游城市群发展战略，沿江经济带各省市互助互动，以市场机制为基础，促进资源利用的互补与协作，建立沿江经济带一体化协作机制，坚持资源开发利用与环境保护相结合，已构成新的经济增长格局。

（二）主体功能区的基本内涵与特征

主体功能区是指基于不同区域的资源环境承载能力、现有开发密度和发展潜力等，将特定区域确定为特定主体功能定位类型的一种空间单元。一定的国土空间具有多种功能，但必有一种主体功能；主体功能区即各地区所具有的、代表该地区的核心（主体）功能。核心（主体）功能是区域自身资源环境条件、社会经济基础所决定的，也是更高层级的区域所赋予的。不同区域的自然生态状况、水土资源承载能力、区位特征、环境容量、现有开发密度、经济结构特征、人口集聚状况、参与国际分工的程度等不尽相同，因此，各地区的主体功能不同。主体功能不同的区域其类型就会有差异，大致可分为以提供工业品和服务产品为主体功能的城市化地区，以提供农产品为主体功能的农业地区，以及以提供生态产品为主体功能的生态地区三类[①]。

按开发方式划分，国土空间划分为优化开发、重点开发、限制开发和禁止开发四大功能区域；按开发内容划分，则分为城市化地区、农产品主产区和重点生态功能区；按层级划分，则分为国家和省级两个层面。其目标一是将国土空间开发从占用土地的外延扩张为主，转向调整优化空间结构为主；二是以生态保护为前提，以水土资源承载能力和环境容量为基础，有度有序开发。工业化城镇化开发必须建立在对所在区域资源环境承载能力综合评价的基础上，建设发展避免对重要自然景观和生态系统的分割等；三是提高空间利用效率，引导人口相对集中分布、经济相对集中布局；四是促进

---

① 《全国主体功能区规划》，国发〔2010〕46号，2010年12月21日。

人口、经济、资源环境的空间均衡。

国家主体功能区的提出是我国区域管理上的巨大进步，是优化国土开发格局、促进区域协调发展的重大举措，充分体现了科学发展的要求。按照全国主体功能区的规划，未来国土空间将形成如下战略格局："两横三纵"为主体的城市化战略格局、"七区二十三带"为主体的农业战略格局、"两屏三带"为主体的生态安全战略格局。

（三）区域发展战略与主体功能区战略互动关系

区域发展战略与主体功能区战略是侧重点不同的两大战略，两者是一种互动关系，推进形成主体功能区是为了落实好区域发展战略，深化、细化区域政策，更有力地支持区域协调发展。区域发展战略和主体功能区战略相辅相成，共同构成了我国国土空间开发完整的战略格局，主体功能区战略与区域发展战略之间是动态的互动关系，主体功能区战略是对区域发展战略的规范、约束和引导，但应该根据科学发展的需要服务于区域发展战略，而不能成为区域发展的障碍。随着区域发展战略的实施和推进，一定国土空间的主体功能也会随之发生变化，主体功能区规划和区域发展战略也应该做相应调整[①]。

主体功能区战略将对我国转变区域管理理念、协调空间发展格局、构建和谐的区域关系产生积极的影响。一是促进区域管理理念更注重人与自然和谐发展。通过明确不同区域的主体功能——优化开发和重点开发区域的主体功能是发展经济、限制开发和禁止开发区域的主体功能是保护环境，达到开发与保护并举，实现人口与资源环境全面协调可持续发展。二是促进国土空间格局更注重有序开发。实施以主体功能区为主的国土规划，突破行政区划界限，按照资源、环境的承载能力、现有的开发基础和未来发展潜力，统筹考

---

① 韩学丽：《区域协调发展战略与主题功能区建设》，《商场现代化》，2009年3月1日。

虑未来人口分布、经济布局、国土利用和城镇化格局。三是促进区域关系更注重功能互补、和谐共生。主体功能区的划分明确了各区域经济活动内容和产业发展方向，促进了生产要素跨区域的合理流动和资源的重新整合，产业分工与区域分工更加明确，如优化开发区域要加快发展第三产业和高新技术产业，提升产业层次和竞争力；重点开发区域要承接优化开发区域转移的产业，限制开发区域可以适度发展环保型特色产业，禁止开发区域则严禁主体功能定位以外的开发活动，产业分工更加明晰。限制开发区域和禁止开发区域着重环保功能；优化开发区域和重点开发区域着重经济职能。四是促进区域政策由统一制定、统一管理向分类制定、分类管理转变。主体功能区建设充分考虑地区的特点和差别，制定不同的针对性更强的区域政策及差别化的绩效评价办法，多元化的评价指标促进了区域主体功能的实现[1]。

二 基础理论

（一）人口、资源和环境相协调的经济学理论

我国国土幅员辽阔，但可利用土地面积有限，空间资源短缺且分布不均衡，可利用的国土空间资源多集中在中东部，而西部地区多是高原、山地、沙漠等难以利用的空间；我国生态环境脆弱，干旱半干旱的土地面积占国土面积53%，许多地区不适合大规模工业化与城市化；我国耕地、矿产、水、生物资源虽然总量丰富，但资源质量较差，分布地域差异大，人均拥有量远远低于世界平均水平。在全国600多座城市中就有400多座城市面临不同程度的缺水状况，100多座城市严重缺水；随着经济发展，大气、水、土壤等环境污染不断加剧，生物多样性受到威胁，温室气体大量排放，气候变暖、极端天气频发等问题的出现，已经给

---

[1] 《全国主体功能区规划》，国发〔2010〕46号，2010年12月21日。

居民生活带来巨大影响，部分地区污染程度已经超过了区域承载能力，开始出现生态退化、环境质量下降等问题。人口、资源与环境在经济发展过程中越来越不协调，有些地区资源环境承载力较高，发展条件较好，没有聚集相应的人口规模；有些地区却由于人口规模的扩大和开发强度的增加，资源环境开始不堪重负；有些地区生态环境脆弱、资源环境承载力较低，却聚集了相对较多的人口和各种经济活动，给当地的资源和环境承载能力造成相当的压力。人口问题、资源问题、环境问题最终需要通过人口、资源、环境的有效配置来解决。人口、资源、环境有效配置表现为：一是在特定空间内人口、资源、环境按照一定数量比例进行组合，构成社会系统；二是人口、资源、环境按照一定方式，配置到国土空间。主体功能区要实现的目标之一就是要实现人口、经济分布与资源环境之间矛盾冲突的减小和化解，通过主体功能区规划的实施，实现一种空间均衡，主体功能区能够构建一种同时满足三方面效益最大化的区域空间分布格局，使人口分布与经济发展趋势相适应；同时，要同资源环境承载力相适应。在主体功能区建设中，人口转移要在主体功能限制条件下进行产业选择、经济布局等行为，都需要以人口、资源与环境经济学理论为指导，另外，主体功能区建设又为人口、资源与环境有效配置研究，提供了素材和实证的范例。

(二) 区域分工与协调发展的理论

区域经济协调发展是世界各国经济发展中永恒的主题，与之相伴随的区域发展差距不断加大，这是世界各国普遍存在的问题。一般来说，在经济发展初期，生产技术差异不大，市场机制的作用有限，区域差距并不显著扩大，当经济进入快速发展时期，市场机制的作用使要素数量和质量的差别加大，政府又多是选择促进发展的战略，差距扩大难以避免。从我国多年来的理论和实践经验来看，尽管在缩小区域经济差距上，作出了不懈努力，实际情况是区域间差距呈现不断扩大趋势，由此引发诸多社会矛盾，不利于发展的稳定，甚至会影响整体的发展效率。

全国主体功能区规划是引导和约束中国未来人口分布、经济布局、国土利用、城镇化格局和产业集群发展的总体方案。优化开发区和重点开发区主要生产社会物质财富；限制开发区和禁止开发区，主要生产自然生态财富。从绝对成本理论来看，相对于重点开发区和优化开发区，限制开发区和禁止开发区具有生产自然生态财富的绝对成本优势；相对于限制开发区和禁止开发区，重点开发区和优化开发区具有生产社会物质财富的绝对成本优势。从要素禀赋理论看，优化开发区定位于国土开发密度已经很高、资源环境承载能力开始减弱的区域，要改变依靠大量占用土地、大量消耗资源和大量排放污染物而实现经济较快增长的模式，把提高增长质量和效益放在首位，提升参与全球分工与竞争的层次，继续成为带动全国经济社会发展的龙头和我国参与经济全球化的区域；重点开发区定位于资源环境承载能力较强、经济和人口聚集条件较好的区域，要充实基础设施，改善投资创业环境，促进产业集群发展，壮大经济规模，加快工业化与城镇化，承接优化开发区域产业转移，承接限制开发区和禁止开发区域的人口转移，逐步成为支撑全国经济发展和人口聚集的重要载体；限制开发区定位于资源环境承载能力较弱、大规模集聚经济和人口条件不够好并关系到全国或较大区域范围生态安全的区域，要坚持保护优先、适度开发、点状发展、因地制宜发展资源环境可承载的特色产业，加强生态修复和环境保护，引导超载人口逐步有序转移，逐步成为全国或区域性重要生态功能区；禁止开发区定位于依法设立的各类自然保护区域，要依据法律法规规定和相关规划实行强制性保护，控制人为因素对自然生态干扰，严禁不符合主体功能定位的开发活动。不同主体功能区在功能属性上的区域分工，可以促进区域协调发展。主体功能区必然会使未来空间结构两极化，国家鼓励优化和重点开发区加快发展，限制或禁止某些区域开发，在空间结构上体现全局、整体的效率，通过主体功能区建设是实现基本公共服务均等化。因此，政府制定和实施主体功能区政策的目的，是纠正市场自发形成国民经济空间结构畸形缺陷，以达到经济增长与区域持续协调发展两个相互关联的总目标①②。

（三）空间结构理论

空间结构理论认为，资源分布、地形地貌及政府决策是空间结构的重要成因。计划经济下，我国空间结构是计划空间的结果：一方面，资源导向的空间结构、自然环境导向的空间结构有其内在的合理性；另一方面，忽视资源和环境承载力，作出的计划空间安排既有悖于资源配置的效益原则，也对可持续发展形成严重威胁。我国社会经济发展基本空间格局在很大程度上受我国三大自然区及地势的三大阶梯制约，这种格局非人力所能改变。生态脆弱地区不可能实现大规模工业化和城市化，如果还是按照现行行政区组织经济运行的方式发展下去，必将进一步威胁经济社会发展的生态安全。主体功能区建设，依据自然地理条件、区域资源环境承载力重塑空间结构，让气候、地形、水土资源条件比较适宜和优越的地区在现代化支撑体系保障下，建成"高密度、高效率、节约型、现代化"的发展空间，让生态脆弱区、生态敏感区、关系国家生态安全的特殊地区尽可能地恢复自然生态，构建合理区域利益协调机制，既要使生态脆弱和环境恶化地区不至于发生生活水准倒退，又要使全体民众共享发展成果。

我国在未来对于空间的需求，主要包括三个方面的内容：城镇化空间、农业空间和生态空间。城镇化空间主要是人类聚集区，是人们生产、生活的主要活动区域；农业空间主要是所有人

---

① 宋一淼：《主体功能区管理问题研究》，西南财经大学博士论文，2008年5月1日。
② 韩晶：《主体功能区协调发展研究》，武汉大学博士论文，2009年5月1日。

保障人类粮食供给、维护粮食安全区域；生态空间则是为了维护良好的生态环境而需要保护的空间。优化开发区和重点开发区主要是作为未来的人口聚居区，即提供城镇化空间，而限制开发区和禁止开发区主要是提供农业空间和生态空间，通过不同空间类型的合理组织，以实现区域的协调和可持续发展。在明确了区域的主体功能的分布格局后，就需要针对不同的主体功能区完善和制定相应的区域政策，政策制定的取向就是通过对不同的主体功能区采用不同的区域政策，从而鼓励那些有利于区域主体功能的活动，而限制或改变那些不利于区域实现其主体功能定位的活动，最终构建合理的空间开发结构[1][2]。

（四）可持续发展理论

可持续发展是基于生态环境的恶化而提出来的，是基于对社会进步过程中所付出的环境代价的思索而提出的。地球上的自然资源总量是有限的，人类的生存和社会、经济的发展依赖于环境资源并受其约束。可持续发展重在强调发展的可持续性原则，即要求人类的经济和社会发展必须维持在资源和环境的可承受能力的范围之内，以保证发展的可持续性。

主体功能区建设，将观念层次、经济社会体制层次、科学技术层次的可持续发展融合为一体。首先，从观念层次看，构建以主体功能区为基础的区域开发格局，力求通过功能区开发，而不是传统的区域综合开发来实现区域可持续发展。由于自然、历史等多方面原因，人口分布密度和自然资源丰富度之间存在明显的不协调，对人地关系紧张、人口与资源环境关系紧张的区域来说，单凭区域自身综合开发，很难实现人口、资源、土地、生态环境之间的协调，

---

[1] 钱龙：《主体功能区建设的经济学理论分析》，《价值工程》，2009年10月18日。

[2] 韦姗姗、黎云鹏：《广西北部湾经济区主体功能区划分研究》，《现代商贸工业》，2010年4月1日。

可持续发展受到严重制约；而推进形成主体功能区，立足于区域分工、依托整个国土空间谋求区域可持续发展，是对区域可持续发展观念的创新。其次，从经济社会体制层次看，主体功能区建设要求用现有的行政区框架推行跨行政区的区域管理。一方面，政府干预理论、政府与市场协调理论为这种跨行政区的经济社会管理提供了理论指导；另一方面，这种实践必然会引发经济社会体制改革与创新，使经济社会体制朝着更有利于区域可持续发展方向变革。最后，从科学技术层次看，依托四类主体功能区，构建两类财富生产的区域分工体系，提高了财富生产的区域集中度，一方面有利于社会物质财富和自然生态财富生产过程中的技术投入的规模经济和产出效益；另一方面，更加细致的分工有利于发现区域可持续发展实践中的技术障碍，为技术进步和科技创新指明方向，进而夯实区域可持续发展的技术支撑。

（五）区域经济均衡与非均衡增长理论

任何经济活动都离不开某一特定空间，不管其发展水平如何，最后都能在某一特定空间上找出它的"影子"。这种经济活动与特定空间的结合产生了区域经济（Regional Economies），区域经济发展战略的成功与否，不仅影响到该区域的经济增长与人民生活水平的提高，更重要的是影响一国的经济增长速度和综合国力的提高。因此在经济理论研究中，区域经济均衡与非均衡增长的理论就显得格外重要，这些理论主要有以下几种。

1. 生产力布局理论。该理论认为，任何生产总要落脚到特定的空间，因此生产分布是生产存在和发展的空间形式，有生产就有生产的分布和再分布。生产力分布状况如何，对生产有着重大的影响，一是影响生产的发展速度和社会经济效益；二是影响区域的产业结构、优势发挥以及区际间协作；三是影响生产要素本身的发展，包括自然资源的保护和再生资源的再生能力，生态评价以及人本身的发展。该理论认为，在不同的社会发展阶段，再生产的形式是多种多样的，但它总是沿着某种合乎逻辑的有规则的方式发生变化和演进。

2. 区域经济发展梯度转移理论。区域经济发展梯度转移理论是非均衡增长理论中最有代表性的。这种理论以产品生产周期理论为基础，以梯度来表现经济发展水平的区域差异，认为区域经济发展是不平衡的，这种不平衡是产品生命周期的空间表现形式。区域间客观上形成一种技术梯度，有梯度就必然有空间推移。区域可被分为低梯度区域和高梯度区域。高梯度区域的主导专业化部门主要由处在创新阶段的兴旺部门所组成，而低梯度区域的主导专业化部门由那些处在成熟阶段后期或衰老阶段的衰退部门所组成。生产力的空间推移，首先是高梯度区域应用先进技术先发展一步，新的产业部门、新产品、新技术、新思想等大都发源于高梯度区域；其次随着时间的推移，逐步有序地从高梯度区域向处于二级梯度、三级梯度的低梯度区域推进。随着经济的发展，推移的速度加快，区域间的差距就可以逐步缩小，最终实现经济分布的相对均衡。

3. 增长极理论。增长极理论最初由法国经济学家佩鲁（Farncios Ferorux）提出，后来，法国经济学家布代维尔（J. B. Boudeville），美国经济学家弗里德曼（John Frishman），瑞典经济学家缪尔达尔（Gunnar Myrda）在不同程度上丰富和发展了该理论。增长极理论认为：一个国家实现平衡发展只不过是一种理想，在现实上是不可能的，经济增长通常是从一个或数个"增长中心"逐渐向其他部门或地区传导。因此应选择特定的地理空间作为增长极，推动空间经济极化发展。优先发展某些特定地区的目的是通过对生产要素的集中使用，有利于集聚经济效益出现。集聚与集中能够带来生产要素的节约，使资源配置更加合理。集聚经济效益主要体现在：一是区位经济。这是由于某项经济活动的若干企业或联系紧密的某几项经济活动集中于同一区位而产生的。例如，商业活动集中于特定区域，能够减少顾客因了解信息、进行比较、实施组合购买以及交通费用等方面支付的交易费用，有利于增大对周围顾客的吸引。又如某一专业化的多个生产部门集中于某一领域，可以共同培养与利用当地熟练劳动力，加强企业之间的技术交流和共同承担新产品开发的投资，可以形成较大的原材料等外购物资的市场需求和生产产品的市场供给，并形成良性循环。区位经济的实质是通过地理位置的靠近而获得综合经济效益。二是规模经济。规模经济是由于经济活动范围的扩大而获得内部的节约。如可提高分工程度，降低管理成本，增加分摊广告费和非生产性支出的份额、使边际成本降低，从而获得劳动生产率的提高。三是外部经济。外部经济效果是增长极形成的重要原因，也是其重要结果。经济活动在区域内的集聚往往使一些厂商可以不花成本或少花成本获得某些产品或劳务，从而获得整体收益的增加。如熟练劳动力蓄水池的出现，能源消耗、运输设施等分摊成本的节约，信息系统的快捷，生产服务、医疗、教育、治安等服务获得的便利，等等。这些收益既是上期集聚经济的果实，又是下期集聚经济的诱导物[1][2]。

（六）区域发展理论

从区域发展理论的产生、发展过程，概述农业区域发展理论、工业区域发展理论、中心地发展理论、区域产业关联发展理论等。

1. 农业区位理论。早期的区域发展理论，是从分析农业生产力布局开始的。19世纪，德国农业生产方式逐步由庄园经营向自由经营转变，如何合理安排农耕作业和畜牧业，如何提高土地资源的利用率，成了当时人们的一个热门话题，这为农业区域发展理论的形

---

[1] 张锦鹏：《增长极理论与不发达地区区域经济发展战略探索》，《当代经济科学》，1999年11月15日。

[2] 郭子彦：《城市群协调发展的机制分析与政策研究》，西安理工大学博士论文，2007年3月1日。

成创造了基本条件。1826年,杜能出版了《孤立国同农业和国民经济的关系》一书,这是一部区域发展理论的经典名著。杜能"借助观察、微分学、实用会计学"等方法研究经济问题,特别是对农业和农业经济理论进行了许多开创性的探索。杜能农业区域发展理论的中心思想,阐明了农业土地利用类型和农业土地经营集约化程度,不仅取决于土地的天然特性,而且更重要的是依赖于其经济状况,其中尤以不同用地到市场的空间距离影响最为突出,土地利用的"心圆模式"。杜能理论是严格建立在特定历史条件下的,其突出贡献在于:以抽象的理论演绎和对空间区位的关注,奠定了区位理论基本的研究思想,透彻地分析揭示了区位级差地租的存在,也成为现代各种区位理论,尤其是城市空间结构理论的基础[1]。

2. 工业区位理论。19世纪后半叶,龙哈德以钢铁工业为样本,提出了区位三角形理论。1909年,韦伯出版了专著《工业区位论》,系统阐述了工业区域发展理论,首次分析了工业的区位选择和合理布局等问题,其核心就是区位因子决定生产场所,将企业吸引到生产费用最小,节约费用最大的地点。确定了一般区位因子:运费、劳动费、集聚和分散。由此确定了运输区位法则、劳动区位法则和集聚(分散)区位法则。随着近代工业的大发展,工业区位理论逐渐成为区位理论研究的主流。韦伯最早提出要加强对经济聚集作用的研究。他在《工业区位论》中,系统地阐述了聚集经济理论。认为聚集实质上是工业企业在空间集中分布的一种生产力配置,能使企业获得成本节约的经济效果。他说,为了聚集的经济目的而集中起来的工业企业,叫作纯聚集,它与位于一个港口、交通枢纽和大城市所造成的自然聚集现象不同。纯聚集的经济效益主要来自企业的规模效益、协作效益和外部经济利益的增长。一个企业获取聚集经济收入的方法主要有两种:一是扩大生产规模,增加

---

[1] 赵晨颖:《区域发展战略与规划的基础理论综述》,《经营管理者》,2011年5月5日。

生产的聚集程度，从而降低成本；一是选择与自己有密切关连的企业一起配置，可以共同使用专用设备，共同利用劳动力市场，共同使用公共设施，达到降低成本的目的。他还说，像劳动力费用可以克服运输费用最小的区位引力一样，由聚集形成的经济效益，也可以使区位优势偏离运输和劳动力指向。如果一个企业由聚集节省的费用，大于因其搬离运费或劳动力费用最小的位置而追加的费用，它就将按聚集指向进行新的配置[1]。

3. 区域产业关连发展理论。20世纪30年代，克拉克和费希尔在研究区域经济的发展过程中，发现区域人均总产出的增加，将导致区域第一产业就业人口或产值的比重下降，第二和第三产业的就业人口或产值的比重相应上升，进而提出了三次产业部门的理论。不久，诺斯、梯鲍尔和豪特等人把国民经济分为基础部门和非基础部门，认为基础部门的扩张会造成城市或区域的增长，将促使未来区域生产总值为原来的数倍，形成一种乘数效果。由此形成区域发展的乘数理论。1936年列昂节夫提出著名的投入产出法，认为一个地区与另一个地区之间，在投入和产出方面有着相互依存关系。通过投入产出分析，根据地区之间的贸易量、人均收入和就业状况，改变现存的工业结构，可以使一个国家或一个地区的工业布局更合理。后来，这一观点逐步演化为产业关连理论[2]。

发展不平衡的国家，应该把经济建设和发展的重点放在发达地区，通过发达地区高速发展的"示范"作用和"传递"效应，影响和带动落后地区的发展，从而使有限的投入产生最大的经济效益和最佳的社会效益。针对我国经济分布的不平衡性，梯度理论自20世纪70年代末和80年代初引入我国后，是目前应用最为广泛、影响最为深远的一种理论。

---

[1] [德]阿尔弗雷德韦伯《工业区位论》出版社：商务印书馆1997年12月。
[2] 赵晨颖、冯文全：《区域发展战略与规划的基础理论综述》，《经营管理者》，2011年5月5日。

改革开放以来,随着沿海地区经济发展速度明显加快,以及与内陆地区和边疆少数民族地区之间经济水平差距地不断扩大,逐步形成沿海地区、内陆地区、边疆少数民族地区三大经济地带。将我国划分为东部、中部、西部三个地区的时间始于1986年,由全国人大六届四次会议通过的"七五"计划正式公布。东部地区包括北京、天津、河北、辽宁、上海、江苏、浙江、福建、山东、广东和海南等11个省(市);中部地区分别是山西、吉林、黑龙江、安徽、江西、河南、湖北、湖南8个省;西部地区包括四川、重庆、贵州、云南、西藏、陕西、甘肃、青海、宁夏、新疆、广西、内蒙古12个省市自治区。三大区域划分的特点是,即按照它们所处的方位来划分,又照顾到省级行政区划的完整性,基本上可以反映我国从沿海经内陆地区一直到边疆少数民族地区的经济发展梯度差别及其变化。依据三大梯度的划分,我国采取了向东部倾斜的非均衡区域发展战略。1978年12月,邓小平同志明确指出:"在经济政策上,我认为要允许一部分地区、一部分企业、一部分工人农民由于辛勤努力成绩大而收入先高一些,生活先好起来。一部分人生活先好起来,就必然产生极大的示范力量,影响左邻右舍,带动其他地区、其他单位的人们向他们学习。这样就会使整个国民经济不断地波浪式地向前发展,使全国各族人民都比较快地富裕起来。"这段话标志着我国区域发展战略思想发生了历史性的转变,即由地区平衡发展转变为地区不平衡发展,转向以经济效益为中心,让一部分地区先富起来,迅速提高国家综合经济实力,然后再通过财政转移支付和技术合作,扶持落后地区经济发展,逐步实现共同富裕。梯度推移理论在我国区域经济发展的实践中得到了广泛应用,在我国经济开发次序上形成了先东部、再中部、再西部的梯度,对我们区域经济发展,产生了重大影响。[①]

---

① 罗丽英:《区域经济非均衡增长与区域经济发展战略的重新选择》,湖南大学博士论文,2001年2月1日。

第三章 区域发展战略与主体功能区战略互动关系的理解

一 区域发展战略梗概

(一) 我国区域发展战略的演变历程

1978年以前,我国主要采取的是均衡发展战略,力图在整个国土空间均衡地进行生产力尤其是工业生产力的布局。然而,努力在全国范围内追求均衡发展实现各地区平均发展的同时,也导致了较慢的经济增速,整体发展效果欠佳。在1978年开始实施改革开放后,党中央决定实施非均衡发展战略,即根据地区间经济发展不均衡的规律,有重点、有特点地发展地区经济,采用一种适度倾斜的发展战略,而不是在全国范围内平均使用力量①。非均衡发展战略的理论基础分为产业梯度转移理论、反梯度理论和区位开发理论。20世纪80年代至90年代初期,根据我国东部地区易受海外发达地区的经济辐射和承接产业梯度转移的特点,国家投资生产布局向沿海地区倾斜,同时给予沿海地区更多的政策优惠,达到东部地区优先发展,先富带后富、最终实现共同富裕。经过发展,到20世纪90年代,广东、福建、浙江、上海、江苏和山东6省(市)的国内生产总值之和已经占国内生产总值一半以上。在东部

---

① 李世华、张雅芬:《中国区域经济管理研究》,《理论视野》,2004年6月15日。

地区大发展的同时,也拉大了东、中、西部地区间的经济差距,扩大了区域发展的不平衡。根据区域经济发展的新情况,我国中央政府于 2000 年提出并实施了西部大开发战略,2003 年,国务院提出振兴东北老工业基地战略,2004 年我国通过的《促进中部地区崛起规划》标志着中部崛起战略的正式提出和实施。实践证明,上述战略的相继实施在促进区域协调发展方面发挥了积极作用。2012 年 11 月召开的党的十八大从我国发展的新形势、新任务出发,根据不同区域实际情况,对继续实施区域发展总体战略进行了全面部署。一是优先推进西部大开发;二是全面振兴东北地区老工业基地;三是大力促进中部地区崛起;四是积极支持东部地区率先发展,发挥东部地区对全国经济发展的重要引领和支撑作用;五是加大对革命老区、民族地区、边疆地区、贫困地区扶持力度[①]。可以说,新中国成立以来,我国的区域经济发展战略经历了均衡——非均衡——均衡的演变。

(二)继续实施区域发展战略的现实意义

促进区域协调发展是全面建成小康社会、逐步实现共同富裕和加快推进社会主义现代化建设的重大战略任务,而实施区域发展战略则是促进区域协调发展的重要途径,对于国家长治久安和中华民族复兴,具有重大的现实意义和深远的历史意义[②]。

党的十六大以来,我国经济社会发展取得的巨大成就是深入贯彻落实科学发展观的实践成果。在新的历史条件下,进一步解决好发展中不平衡、不协调、不可持续问题,需要坚持统筹兼顾,有针对性地解决区域发展中存在的突出矛盾和问题,逐步缩小区域发展差距,进一步形成东中西互动、优势互补、相互促进、共同发展的格局,不断增强区域发展的协调性。

---

① 《全国主体功能区规划》,国发〔2010〕46 号,2010 年 12 月 21 日。
② 李学勇:《继续实施区域发展总体战略》,《经济日报》,2012 年 11 月 23 日。

1. 继续实施区域发展战略是全面建成小康社会的重大任务

党的十八大报告提出，到 2020 年要在发展平衡性、协调性、可持续性明显增强的基础上，实现国内生产总值和城乡居民人均收入比 2010 年翻一番。要实现这一目标，必须继续实施区域发展战略，在保持东部地区率先发展势头、促进中部地区崛起、全面振兴东北地区等老工业基地的同时，切实把西部大开发放在优先位置，确保如期实现全面建成小康社会目标。

2. 继续实施区域发展战略是基于基本国情作出的重大决策

由于自然、社会、历史等原因，区域发展不平衡是我国的基本国情之一。虽然经过不懈努力，我国区域发展的协调性有了明显增强，但区域发展不平衡的现象仍然存在，促进区域协调发展任重而道远。在新的发展阶段，必须继续坚持全国发展"一盘棋"，加大区域发展战略的实施力度，充分发挥各地区比较优势，切实在推进科学发展中增强区域发展协调性，在区域协调发展中实现科学发展[①]。

二 主体功能区战略

（一）我国主体功能区规划

国家"十一五"规划提出，"按照主体功能定位调整完善区域政策和绩效评价，规范空间开发秩序，形成合理的空间开发结构"；党的十七大提出了建立主体功能区布局的战略构想，明确实施"主体功能区战略"。2010 年 12 月 21 日，国务院正式颁布《全国主体功能区规划》，将我国国土空间分为以下主体功能区：按开发方式，分为优化开发区域、重点开发区域、限制开发区域和禁止开发区域；按开发内容，分为城市化地区、农产品主产区和重点生

---

① 《继续实施区域发展总体战略的主要任务》，《新长征》（党建版），2013 年 1 月 5 日。

态功能区；按层级，分为国家和省级两个层面。

优化开发区域、重点开发区域、限制开发区域和禁止开发区域，是基于不同区域的资源环境承载能力、现有开发强度和未来发展潜力，以是否适宜或如何进行大规模高强度工业化城镇化开发为基准划分的。优化开发区域是经济比较发达、人口比较密集、开发强度较高、资源环境问题更加突出，从而应该优化进行工业化城镇化开发的城市化地区。重点开发区域是有一定经济基础、资源环境承载能力较强、发展潜力较大、集聚人口和经济的条件较好，从而应该重点进行工业化城镇化开发的城市化地区。优化开发和重点开发区域都属于城市化地区，开发内容总体上相同，开发强度和开发方式不同。限制开发区域分为两类：一类是农产品主产区，即耕地较多、农业发展条件较好，尽管也适宜工业化城镇化开发，但从保障国家农产品安全以及中华民族永续发展的需要出发，必须把增强农业综合生产能力作为发展的首要任务，从而应该限制进行大规模高强度工业化城镇化开发的地区；另一类是重点生态功能区，即生态系统脆弱或生态功能重要，资源环境承载能力较低，不具备大规模高强度工业化城镇化开发的条件，必须把增强生态产品生产能力作为首要任务，从而应该限制进行大规模高强度工业化城镇化开发的地区。禁止开发区域是依法设立的各级各类自然文化资源保护区域，以及其他禁止进行工业化城镇化开发、需要特殊保护的重点生态功能区[①]。

国家层面的优化开发区域包括环渤海、长三角和珠三角3个区域；国家层面的重点开发区域包括冀中南地区、太原城市群、呼包鄂榆地区、哈长地区、东陇海地区、江淮地区、海峡西岸经济区、中原经济区、长江中游地区、北部湾地区、成渝地区、黔中地区、滇中地区、藏中南地区、关中—天水地区、兰州—西宁地区、宁夏沿黄经济区和天山北坡地区等18个区域；国家层面的限制开发区

---

① 《全国主体功能区规划》，国发〔2010〕46号，2010年12月21日。

域分为农产品主产区与重点生态功能区,农产品主产区主要包括东北平原主产区、黄淮海平原主产区、长江流域主产区等7大优势农产品主产区及其23个产业带,重点生态功能区包括大小兴安岭森林生态功能区、三江源草原草甸湿地生态功能区、黄土高原丘陵沟壑水土保持生态功能区、桂黔滇喀斯特石漠化防治生态功能区等25个国家重点生态功能区;国家层面的禁止开发区域包括国家级自然保护区、世界文化自然遗产、国家级风景名胜区、国家森林公园和国家地质公园。省级层面的禁止开发区域,包括省级及以下各级各类自然文化资源保护区域、重要水源地以及省级人民政府根据需要确定的其他禁止开发区域。

城市化地区、农产品主产区和重点生态功能区是以提供主体产品的类型为基准划分的。城市化地区是以提供工业品和服务产品为主体功能的地区,也提供农产品和生态产品;农产品主产区是以提供农产品为主体功能的地区,也提供生态产品、服务产品和部分工业品;重点生态功能区是以提供生态产品为主体功能的地区,也提供一定的农产品、服务产品和工业品。按照全国主体功能区的规划,未来国土空间将形成如下战略格局:"两横三纵"为主体的城市化战略格局、"七区二十三带"为主体的农业战略格局、"两屏三带"为主体的生态安全战略格局[①]。

《全国主体功能区规划》是我国第一次颁布实施的中长期国土开发总体规划,立足于构筑我国长远的、可持续的发展蓝图,涉及国家影响力和控制力的提升、人口和产业未来的集聚、生态和粮食安全格局的保障。《全国主体功能区规划》是我国国土空间开发的战略性、基础性和约束性规划,已经提升到国家战略的高度。实施主体功能区规划是深入贯彻落实科学发展观的重大战略举措,对于推进形成人口、经济和资源环境相协调的国土空间开发格局,加快转变经济发展方式,促进经济长期平稳较快发展和社会和谐稳定,

---

① 《全国主体功能区规划》,国发〔2010〕46号,2010年12月21日。

实现全面建设小康社会目标和社会主义现代化建设长远目标，具有重要战略意义[1]。

二 区域发展战略与主体功能区战略互动关系的理解

（一）区域发展战略与主体功能区战略是侧重点不同的两大战略

区域发展战略是对一定区域内经济、社会发展有关全局性、长远性、关键性的问题所做的筹划和决策，其内涵就是倡导一种非均衡协调发展的区域经济发展战略。20世纪80年代初期以对外开放为特征的非均衡发展战略率先在东部沿海地区实施，对我国东部沿海地区的经济发展起到了关键性作用；2000年开始实施西部大开发的重大战略决策，以及2003年振兴东北地区等老工业基地和2004年中部崛起战略的提出，都体现了一种非均衡发展的理念——以非均衡发展为手段，以协调发展为目标，主要着眼于缩小地区间的经济和社会发展差距[2]。

进行主体功能区规划和推进主体功能区建设，是为了规范空间开发秩序，形成合理的空间开发结构，根据现有经济技术条件下各空间单元的资源环境承载能力和开发潜力，按照国土空间整体功能最大化和各空间单元协调发展的原则，对国土空间按发展定位和发展方向进行空间划分，实行分类管理。与主要着眼于缩小地区差距的区域发展总体战略不同的是，主体功能区规划主要着眼于国土优化开发，优化国土空间开发格局是生态文明建设的首要任务。以主体功能区战略为主构建的区域政策体系，将基本公共服务均等化作为区域协调最为重要的目标，在居民享受基本均等公共服务的基础

---

[1] 《全国主体功能区规划》，国发〔2010〕46号，2010年12月21日。
[2] 洪必纲：《区域经济发展战略下的主体功能区建设》，《光明日报》，2011年1月16日。

上，促进整体经济效益的可持续提高，而不是单纯追求各地区经济差距的缩小①。

（二）推进形成主体功能区是为了落实好区域发展战略，深化细化区域政策，更有力地支持区域协调发展

在不同区域设置不同的经济、社会发展目标，因地制宜地利用本区域资源优势，发展区域特色产业，既能避免因同质化生产导致的恶性竞争，又能发挥各自的比较优势，创造出区域多赢的局面。把环渤海、长江三角洲、珠江三角洲地区确定为优化开发区域，就是要促进这类人口密集、开发强度高、资源环境负荷过重的区域，率先转变经济发展方式，促进产业转移，从而也可以为中西部地区腾出更多发展空间。把中西部地区一些资源环境承载能力较强、集聚人口和经济条件较好的区域确定为重点开发区域，是为了引导生产要素向这类区域集中，促进工业化城镇化，加快经济发展。把西部地区一些不具备大规模高强度工业化城镇化开发条件的区域确定为限制开发的重点生态功能区，是为了更好地保护这类区域的生态产品生产力，使国家支持生态环境保护和改善民生的政策能更集中地落实到这类区域，尽快改善当地公共服务和人民生活条件②。

主体功能区既是一个国土空间规划，同时又具有强烈的区域经济政策色彩，可以说是通过国土空间规划的方式来实现区域经济协调发展的目的。中国区域经济已经形成了"四轮驱动"的新格局——西部大开发、振兴东北老工业基地、促进中部地区崛起、鼓励东部地区率先发展的区域发展总体战略。主体功能区规划的实施是对区域发展战略的落实，实施主体功能区战略有利于构筑区域经济优势互补、主体功能定位清晰、国土空间高效利用、人与自然和谐相处的区域发展格局，逐步实现不同区域基本公共服务均等化，

---

① 胡少维：《促进区域协调发展的若干思考》，《开放导报》，2013年10月8日。
② 《全国主体功能区规划》，国发〔2010〕46号，2010年12月21日。

促进四大经济区域的协调发展。

（三）区域发展战略和主体功能区战略相辅相成，共同构成了我国国土空间开发完整的战略格局

区域发展战略强调要发挥不同地区的比较优势，促进生产要素的合理流动，通过促进区域合作、互动和良性发展，来缩小区域发展的差距。主体功能区战略提出构建城市化地区、农业地区和生态地区"三大格局"与优化开发、重点开发、限制开发和禁止开发四类开发模式，强调不同地区要根据资源环境的承载能力来确定功能定位和开发模式，据此来控制开发的强度，完善开发的政策，规范开发的次序。在我国东、中、西和东北这"四大板块"中都有城市化地区、农业地区、生态地区，也有优化开发区域、重点开发区域、限制开发区域和禁止开发区域。按照大区域相对均衡的要求进行开发，在优化提升东部地区城市群的同时，在中西部地区资源环境承载能力较强的区域，培育形成若干人口和经济密集的城市群，通过推进城镇化带动中西部地区发展[①]。

推进形成主体功能区及相关配套政策的出台，有利于推进经济结构战略性调整，加快转变经济发展方式；有利于按照以人为本的理念推进区域协调发展，缩小地区间基本公共服务和人民生活水平的差距；有利于引导人口分布、经济布局与资源环境承载能力相适应，促进人口、经济、资源环境的空间均衡；有利于从源头上扭转生态环境恶化趋势，促进资源节约和环境保护，应对和减缓气候变化，实现可持续发展；有利于打破行政区划界限，制定实施更有针对性的区域政策和绩效考核评价体系，加强和改善区域调控。

党的十八大报告明确提出继续实施区域发展战略。优先推进西部大开发，可以发挥西部地区资源优势和生态安全屏障作用，有利于特色优势产业发展。全面振兴东北地区等老工业基地，可以发挥

---

① 《全国主体功能区规划》，国发〔2010〕46号，2010年12月21日。

东北地区产业和科技基础较强的优势，完善现代产业体系，促进资源枯竭地区转型发展。大力促进中部地区崛起，有利于发挥中部地区承东启西的区位优势，改善投资环境，发展现代产业体系[①]。积极支持东部地区率先发展，可以发挥东部地区对全国经济发展的支撑作用，在更高层次参与国际经济合作和竞争。长江经济带建设将全面推进新型城市化发展，提升长江三角洲城市群的国际竞争力。建设"丝绸之路经济带"将使得我国以更加开放的姿态参与国际竞争与合作，发展空间更加广阔。

可见，主体功能区战略和区域发展战略相互协调，实施"两个战略"有利于东部继续率先发展，同时推动西部、中部和东北地区经济社会加快发展，增强中西部地区经济实力，逐步实现基本公共服务均等化，提高中西部地区人民群众收入水平和改善生活条件；有利于充分发挥各地区比较优势，形成东中西部地区各具特色、优势互补的经济发展格局和人口、经济、资源环境相协调的空间开发格局，推动经济社会实现更长时期的又好又快发展；有利于加快重点生态功能区和贫困地区等特殊地区的发展，保障各族人民群众的生存和发展权益，维护生态安全、民族团结，实现社会和谐稳定和国家长治久安。

（四）主体功能区战略与区域发展战略之间为动态的互动关系

首先，《全国主体功能区规划》是我国国土空间开发的战略性、基础性、约束性的规划，也是国民经济和社会发展总体规划、区域规划、城市规划等的基本依据，主体功能区战略是区域发展战略的规范、约束和引导。长期以来，我国很多地区以局部经济利益最大化和 GDP 增速为追求目标，以单一经济指标来衡量区域发展，依靠高能耗、高污染的粗放型经济增长方式，超越区域资源环境的

---

① 胡锦涛：《坚定不移沿着中国特色社会主义道路前进为全面建成小康社会而奋斗》，党的十八大报告，2012 年 11 月 8 日。

承载能力追求经济增长，对主体功能区不同区域采用统一的区域发展战略，产业结构不合理的现象极为严重，影响了经济发展的可持续性，而主体功能区战略可以很好地促进区域经济增长方式的转变和经济结构的调整。《全国主体功能区规划》将我国全部国土空间按照开发方式，分为优化开发区域、重点开发区域、限制开发区域和禁止开发区域，对于四类不同功能的开发区域，应有不尽相同的区域发展战略与之对应。对于优化开发区域，应制定对接全球经济、培育先进技术和引领国内发展的区域发展战略，主要发展高、精、尖产业部门；重点开发区域担负着全国经济社会发展的重任，需要制定将重点开发区域打造为城镇化和工业化进程重要空间载体相适应的区域发展战略；限制开发区域保障着全国或较大区域的生态安全，要以特色产业部门发展为主；禁止开发区的区域发展战略要以旅游和生态建设与恢复产业发展为主。在主体功能区分工体系中，重点开发区和优化开发区主要职能是促进经济增长和增强财政创收能力，强化其对经济绩效考核；而限制开发区和禁止开发区主要职能是保护自然资源和生态环境，弱化其对经济绩效考核①。

其次，主体功能区是区域发展战略的规范和引导，但同时应该服从服务于区域发展战略，而不能成为区域发展的障碍。国土空间按照开发方式分为优化开发区域、重点开发区域、限制开发区域和禁止开发区域，是基于不同区域的资源环境承载能力、现有开发强度和未来发展潜力，以是否适宜或如何进行大规模高强度工业化城镇化开发为基准划分的，这种分类并非永远固定、一成不变，随着区域发展战略的实施和推进，一定国土空间的主体功能也会随之发生变化，主体功能区规划和区域发展战略也应该做相应调整。例如，随着工业化和城镇化的快速推进，以及基础设施的不断完善，原来定位为重点开发区域的人口集聚程度和开发强度增加，资源环

---

① 洪必纲：《区域经济发展战略下的主体功能区建设》，《光明日报》，2011年1月16日。

境承载能力下降，此时合理的做法应是将该区域从重点开发调整为优化开发，区域发展战略的重点将移至优化工业化和城镇化的布局上。如果原先定位为限制开发的地区，随着经济的发展和生态环境的改善，其经济基础、发展潜力和资源环境承载能力显著增强，则应将该区域主体功能定位为以提供工业品和服务产品为主，实施与重点开发区域相对应的区域发展战略。反之，若某限制开发区域的生态环境持续恶化，则适宜实施退田还林或退田还湖的措施以保护生态环境，此时的限制开发区域的主体功能将演变为以提供生态产品为主。同样，随着经济增长和人民收入水平的提高，在物质财富持续增加的背景下，社会对生态产品和休闲服务的需求将会越来越旺盛，与之相对应，将会有越来越多的区域被确定为限制开发区域和禁止开发区域。

第四章 国家区域发展战略与主体功能区战略对江西发展战略的影响

一 国家"十三五"区域发展战略趋势

(一)国家区域发展战略的重大调整方向

党的十八届三中全会后,党和政府基本确定了四个区域发展战略,即京津冀一体化建设、丝绸之路经济带建设、21世纪海上丝绸之路建设以及长江经济带建设,这四个区域规划基本覆盖了中国未来社会经济发展的重点区域,是我国最重要的区域发展战略。因此,全面分析国家四个区域发展战略的战略定位、战略重点和战略布局及主要政策,对于理解和把握国家"十三五"区域发展战略的趋势和走向极其重要。

1. 京津冀一体化

京津冀一体化由20世纪80年代提出的京津唐工业基地的概念发展而来,地理范围包括北京市、天津市以及河北省的保定、唐山、石家庄、邯郸、邢台、衡水、沧州、秦皇岛、廊坊、张家口和承德,涉及京津和河北省11个地级市的80多个县(市)。国土面积约为12万平方公里,人口总数约为9000万人。

(1)京津冀一体化的战略定位、战略重点和战略布局。京津冀一体化的战略定位为重大国家战略。作为中国城镇化发展的一个大战略,京津冀一体化将充分发挥三地的比较优势,重点完善重大基础设施建设、统筹产业布局、提升创新驱动能力、加强生态建设和环境保护、推进基本公共服务均等化、深化改革扩大开放、构建区域合作发展机制等方面。与其他区域规划抱团式发展不同，京津冀属于融合式发展，区域内将致力于交通、就业、社保、人口、公共设施一体化式发展[①]。

（2）京津冀一体化的主要政策。为推进京津冀一体化发展，中央政府和京津冀地方政府出台了一系列的支持和鼓励政策。财政部2014年5月16日下拨专项资金80亿元，支持京津冀及周边、长三角、珠三角地区开展大气污染防治，其中京津冀是重点。2014年6月形成了《京津冀检验检疫一体化实施方案》，从7月1日起，京津冀三地检验检疫机构正式实施出口货物属地一次验放的"出口直放"政策，改变了过去出口货物必须进行口岸和属地两次检验检疫的现场作业方式，大大提高了出口效率。2014年7月1日，京津冀通关一体化在北京和天津海关之间正式推行，10月1日京津两地通关一体化改革拓展到河北省，实现京津冀三地通关一体化。2014年7月，环保部印发《京津冀及周边地区重点行业大气污染限期治理方案》，决定在京津冀及周边地区开展电力、钢铁、水泥、平板玻璃行业（简称四个行业）大气污染限期治理行动。2014年8月，北京市出台《关于全面深化市属国资国企改革的意见》，就国资改制重组、优化国资配置等作出部署，强调国资在推动京津冀协同发展方面承担更多责任。今后，北京市将把80%以上的国有资本集中到提供公共服务、加强基础设施建设、发展前瞻性战略性产业、保护生态环境、保障民生等领域。

2. 丝绸之路经济带[②]

丝绸之路经济带是在古丝绸之路概念基础上形成的一个新的经济发展区域，地理范围包括陕西、甘肃、青海、宁夏、新疆五省

---

① 《京津冀协同发展规划纲要》，http：//wenku.baidu.com/link? url = XdMzOe6TTJjpDF3fXIUxHoynyeJUzUABWwuP9Z4w_wa1KFAchDZ_jAHYUBwBkR6ojEySeGltgjdFT_gitessg3TcOiD64lyI - xWaq1doQhO，2015年4月30日。

② 习近平：《在哈萨克斯坦纳扎尔巴耶夫大学的重要演讲》，2013年9月7日。

区，以及重庆、四川、云南、广西西南四省市区，是中国与西亚各国之间形成的经济合作区域，2013年9月由中国国家主席习近平在哈萨克斯坦纳扎尔巴耶夫大学演讲时提出。

（1）丝绸之路经济带的战略定位为我国向西开放的路上战略大通道。该区域地域辽阔，有着丰富的自然资源、矿产资源、能源资源、土地资源和旅游资源，被称为21世纪的战略能源和资源基地。丝绸之路经济带东边与亚太经济圈相连，西边紧邻发达的欧洲经济圈，被认为是"世界上最长、最具有发展潜力的经济大走廊"，建设丝绸之路经济带，将对我国经济和世界经济产生重要影响。

（2）战略重点和战略布局。第一，加强政策沟通。丝绸之路经济带上的各国有必要就经济发展战略和对策进行充分交流，共同协商制定推进区域合作的规划和措施，在政策和法律上为区域经济融合"开绿灯"。第二，加强道路联通。丝绸之路经济带的交通不便利，道路交通建设对于经济带的区域经济发展尤其重要。打通从太平洋到波罗的海的运输大通道，在此基础上，探讨完善跨境交通基础设施，逐步形成连接东亚、西亚、南亚的交通运输网络。第三，加强区域合作，确保贸易畅通。丝绸之路经济带总人口近30亿，市场规模和潜力独一无二。推进贸易投资便利化、深化经济技术合作、建立自由贸易区，是新丝绸之路经济带建设的三部曲。第四，加强货币流通和金融合作，夯实经济带的金融基础。上合组织成员国金融主管部门交流增加，推进区域内货币互换，推动离岸贸易和上合组织开发银行等其他金融合作是丝绸之路经济带金融一体化的重要内容。第五，加强能源合作。中国整体上原油和天然气贫乏，而中亚各国的能源储备丰富产量巨大，双方加强合作一方面可以有效缓解中国能源紧张的压力；一方面有利于提升和发展中亚各国的经济。

2.21世纪海上丝绸之路

2013年10月习近平总书记访问东盟国家时提出21世纪海上

丝绸之路的战略构想。21世纪海上丝绸之路的战略合作伙伴并不仅限与东盟，而是以点带线，以线带面，串起连通东盟、南亚、西亚、北非、欧洲等各大经济板块的市场链，发展面向南海、太平洋和印度洋的战略合作经济带，以亚欧非经济贸易一体化为发展的长期目标。21世纪海上丝绸之路是我国在世界格局发生复杂变化的当前，主动创造合作、和平、和谐的对外合作环境的有力手段，为我国全面深化改革创造良好的机遇和外部环境，其核心价值是通道价值和战略安全。尤其在中国成为世界上第二大经济体，全球政治经济格局合纵连横的背景下，21世纪海上丝绸之路的开辟和拓展无疑将大大增强中国的战略安全[1]。

21世纪海上丝绸之路的战略重点和战略布局。第一，加强政府往来，增进沟通了解。巩固和深化与相关国家开展经济、贸易、能源、金融、服务、基础设施等领域合作，共同建立跨境经济合作区，完善当地基础设施建设，在区内实行更加自由便利的贸易、投资及物流政策，利用双方的互补优势开展各项经济合作，促进地区繁荣。第二，建立完善基础设施互联互通，推动合作交流国际化。以海洋经济为突破口，共同建立海洋养殖合作基地，探索产业园区双向投资，健全常态化的合作交流机制；构筑双方海上互联互通网络，开拓港口、海运物流和临港产业等领域合作，积极发展好海洋合作伙伴关系。第三，全面拓宽对外开放合作格局，促进共同发展。抓好信息、通关、质检等制度标准的软件衔接，推动政策沟通、道路联通、贸易畅通、货币流通、民心相通，为企业创造更为便利的原产地证书申领和核准环境，推动优惠政策更好地落实。加强与各国海关和签证机构的沟通与合作，建立国际安全合作机制，保证海路资源运输的安全，加强海上战略通道的保障能力。第四，以海上丝路建设为契机，促进产业结构调整升级。第五，全面提升

---

[1] 沈世顺：《"海上丝绸之路"的新内涵》，《东南亚纵横》，2014年11月30日。

海上丝路学术研究水平①。

4. 长江经济带

长江是货运量位居全球内河第一的黄金水道,长江通道是我国国土空间开发最重要的东西轴线,在区域发展总体格局中具有重要战略地位。依托黄金水道推动长江经济带发展,打造中国经济新支撑带,是谋划中国经济新棋局做出的既利当前又惠长远的重大战略决策②。2014年9月25日国务院颁布《关于依托黄金水道推动长江经济带发展的指导意见》（国发〔2014〕39号）,按照此规划,长江经济带覆盖上海、江苏、浙江、安徽、江西、湖北、湖南、重庆、四川、云南、贵州11省市,面积约205万平方公里,人口和生产总值均超过全国的40%。长江经济带横跨我国东中西三大区域,具有独特优势和巨大发展潜力。改革开放以来,长江经济带已发展成为我国综合实力最强、战略支撑作用最大的区域之一③。

（1）长江经济带的战略意义。在国际环境发生深刻变化、国内发展面临诸多矛盾的背景下,依托黄金水道推动长江经济带发展,有利于挖掘中上游广阔腹地蕴含的巨大内需潜力,促进经济增长空间从沿海向沿江内陆拓展;有利于优化沿江产业结构和城镇化布局,推动我国经济提质增效升级;有利于形成上中下游优势互补、协作互动格局,缩小东中西部地区发展差距;有利于建设陆海双向对外开放新走廊,培育国际经济合作竞争新优势;有利于保护长江生态环境,引领全国生态文明建设,对于全面建成小康社会,实现中华民族伟大复兴的中国梦具有重要现实意义和深远战略意义。由于京津冀地区长久以来形成深层行政壁垒,"一带一路"涉

---

① 廖萌:《打造命运共同体携手共建21世纪海上丝绸之路》,《学术评论》,2015年4月15日。

② 肖伟光:《依托黄金水道推动长江经济带发展》,《人民日报》,2014年9月26日。

③ 《关于依托黄金水道推动长江经济带发展的指导意见》,国发〔2014〕39号,2014年9月25日。

及范围非常广且路线将涵盖国内及国外，相比之下，长江经济带成为自然及基础条件具有优势的区域战略，成为几大战略中较容易实现的区域。未来将利用长三角城市群在长江经济带上的龙头引导作用，在基础设施、产业、公共服务等方面达到一体化，从而形成中国经济发展的重要增长区域。

（2）长江经济带的战略定位。具有全球影响力的内河经济带；东中西互动合作的协调发展带；沿海沿江沿边全面推进的对内对外开放带；生态文明建设的先行示范带。

（3）长江经济带的战略重点和战略布局。第一，提升长江黄金水道功能，具体内容包括：加快实施重大航道整治工程，增强干线航运能力；改善支流通航条件；优化港口功能布局；加强集疏运体系建设；扩大三峡枢纽通过能力；健全智能服务和安全保障系统；合理布局过江通道。第二，建设综合立体交通走廊，具体内容包括：形成快速大能力铁路通道；建设高等级广覆盖公路网；推进航空网络建设；完善油气管道布局；建设综合交通枢纽；加快发展多式联运。第三，创新驱动促进产业转型升级。顺应全球新一轮科技革命和产业变革趋势，推动沿江产业由要素驱动向创新驱动转变，大力发展战略性新兴产业，加快改造提升传统产业，大幅提高服务业比重，引导产业合理布局和有序转移，培育形成具有国际水平的产业集群，推进信息化与产业融合发展，增强长江经济带产业竞争力。第四，全面推进新型城镇化。按照沿江集聚、组团发展、互动协作、因地制宜的思路，推进以人为核心的新型城镇化，优化城镇化布局和形态，增强城市可持续发展能力，创新城镇化发展体制机制，全面提高长江经济带城镇化质量，提升长江三角洲城市群国际竞争力量。第五，培育全方位对外开放新优势。发挥长江三角洲地区对外开放引领作用，建设向西开放的国际大通道，加强与东南亚、南亚、中亚等国家的经济合作，构建高水平对外开放平台，形成与国际投资、贸易通行规则相衔接的制度体系，全面提升长江经济带开放型经济水平。第六，建设绿色生态廊道。顺应自然，保育生态，强化长江水资源保护和合理利用，加大重点生态功能区保护力度，加强流域生态系统修复和环境综合治理，稳步提高长江流域水质，显著改善长江生态环境。第七，创新区域协调发展体制机制。打破行政区划界限和壁垒，加强规划统筹和衔接，形成市场体系一开放、基础设施共建共享、生态环境联防联治、流域管理统筹协调的区域协调发展新机制①②。

（二）国家区域发展战略调整对江西区域发展整体战略的重大影响

京津冀一体化、丝绸之路经济带、21世纪海上丝绸之路和长江经济带四个国家层面的区域发展战略，尤其是长江经济带发展战略对江西区域发展整体战略规划的影响最大，为了江西经济的快速发展，应该充分发挥区位优势和综合资源优势，把江西建设成为东部沿海发达地区产业梯度转移的承接基地、优质农副产品的供应基地、劳务输出基地和旅游休闲的后花园。

连接东部沿海和广袤的内陆，依托黄金水道打造的长江经济带，有独特的优势和巨大的潜力，依托黄金水道推动长江经济带发展，打造中国经济新支撑带，是中国的重大战略决策。在长江经济带建设中加强重大战略协同，推动长江经济带建设、加强长江中游城市群建设，包括建立促进长江中游城市群一体化发展资金、加强重大基础设施的互联互通等。江西省面临转型发展、产业升级的任务，处于中部和长江经济带之"腰"，肩负着促进中部地区崛起、打造长江中游城市群、建设长江经济带的使命，国家区域发展战略尤其长江经济带发展规划会对江西省区域发展战略产生巨大影响，长江经济带战略对江西省的影响主要集中在北部，要加快昌九一体化建设，实现江西区域发展战略与国家发展战略的高效对接。

---

① 万钢：《开放创新 促进长江经济带发展》，《中国发展》，2014年12月25日。
② 沈和：《深挖国家战略叠加的巨大红利》，《唯实》，2015年1月15日。

从长江经济带的国家战略层面来考虑，九江无疑是一个重要的港口，把南昌拉进来，就可以形成一个板块融入长江经济带，扩大其影响力。推进昌九一体化建设，打造江西省融入长江中游城市群和长江经济带建设的战略平台。当前，昌九一体化发展迎来了最好的历史机遇，一方面，再造长江经济带已上升到国家层面，这是提升江西在全国战略地位、推动发展升级的重大机遇。另一方面，在鄱阳湖生态经济区成为国家战略的背景下，推进昌九一体化，有利于加快两市资源整合、要素互补，赋予鄱阳湖生态经济区建设经济发展方面的更大平台，发挥国家战略的最大效应[1]。江西省作为沿江九省之一，依托长江建设中国经济新支撑带的提出将给我省发展带来新的发展机遇。"做强南昌、做大九江"形成"双核"结构，是在大背景下江西主动对接融入长江经济新支撑带的重要发展战略[2]。

1. 昌九一体化的战略意义

推进昌九一体化，有利于增创区域发展新优势，加快长江中游城市集群发展，完善中部地区经济布局，打造中国经济增长"第四极"；有利于加快两市资源整合、要素互补，打造鄱阳湖生态经济区核心增长区，引领鄱阳湖生态经济区建设；有利于加速推进我省新型工业化，促进我省经济转型升级，有效发挥工业化对城镇化的"发动机"作用和城镇化对工业化的"加速器"作用；有利于做强南昌，做大九江，实现龙头昂起，并切实带动"两翼齐飞"；有利于实现开发建设与生态保护的有机统一，开创高效生态经济发展新模式，为其他地区提供有益借鉴；有利于加快培育环境友好型产业，保护鄱阳湖周边地区和长江中下游生态环境，实现区域可持

---

[1] 强卫：《创出发展升级新天地　开启小康提速新征程　开拓绿色崛起新境界　展现实干兴赣新作为》，《江西省委十三届七次全体（扩大）会议上的讲话》，2013 年 8 月 15 日。

[2] 江西省发改委：《昌九一体化发展规划（2013—2020）》，2014 年 9 月 30 日。

续发展①。推进昌九一体化,加快昌九区域发展,不仅是贯彻落实科学发展观、构建社会主义和谐社会的迫切需要,也是推进发展方式转变、促进区域协调发展和培育新增长极的重要举措,是实现富裕和谐秀美"江西梦"的重要保障。

昌九一体化发展规划描绘了昌九两地发展蓝图,在战略定位方面,规划着眼于带动全省发展升级、共建长江经济带和长江中游城市群,以及全面深化改革。

2. 昌九一体化发展的战略定位

(1) 鄱阳湖生态经济建设核心区。充分利用昌九区域优势资源,推进两市可持续发展;发展环境友好型和资源节约型产业,先行探索生态与经济协调发展新模式,率先建立现代生态产业体系,实现经济社会发展和生态环境保护的有机统一,为鄱阳湖生态经济区乃至全国生态文明建设探索新路径、积累新经验。

(2) 全省发展升级的引领区。推动昌九区域产业升级,明确产业发展的主攻方向,打造龙头企业,增强经济发展竞争力。促进开放升级,着力提高招商引资的层次水平,推动重点产业协同创新,深化昌九创新升级,支持创新要素向企业集聚,增强经济发展动力。推进南昌打造核心增长极和九江沿江开放开发,构建"昌九一体、龙头昂起"的生动局面。

(3) 长江中游城市群的重要一极。以南昌、九江为核心,以昌九工业走廊沿线城市为纽带,形成具有一定规模的大中城市集群,与武汉城市圈、长株潭城市群、皖江城市带等长江中游城市群呼应,共同支撑中部地区崛起。

(4) 全国"四化同步"先行先试区。加强统筹协调,探索区域经济、社会发展过程中工业化、信息化、城镇化、农业现代化的内在联系和客观规律,探索"四化同步"发展的科学模式和体制

---

① 王晓春:《双核理论:区域发展的必然规律——关于"昌九一体化"战略的思考》,《当代江西》,2013 年 8 月 15 日。

机制，实现"四化同步"发展。

在发展目标方面，按照"做强南昌、做大九江、昌九一体、龙头昂起"的总体要求，为充分体现昌九一体化"1+1＞2"效应，规划从经济、社会、生态三个方面，设置了14个主要指标，并提出了未来三个阶段的发展目标：昌九地区GDP占全省比重到2017年达到38%、2020年达到40%以上。

3. 昌九一体化的空间布局

着力构建"一纵两横"战略格局，培育两个都市区，打造两大战略支点，共建生态"双肺"。"一纵两横"战略格局，即沿京九铁路纵向发展轴、沿长江通道横向发展轴和沿沪昆通道横向发展轴，形成"工"字型发展格局。两个都市区，即南昌都市区、九江都市区，通过加快建设昌九都市区，带动区域整体竞争力提升。两大战略支点，即南昌临空经济区和共青先导区，通过打造昌九一体化发展的战略支点，促进昌九相向发展；生态"双肺"，即依托自然生态优势，在昌九东部建设以鄱阳湖水体及湿地为主的生态"蓝肺"，西部建设以山地森林为主的生态"绿肺"，共同构建昌九生态屏障。该规划将昌九一体化发展战略定位为：全省发展升级引领区、中部地区崛起重要增长极、长江经济带开放开发重要支点、体制机制改革创新先行区。规划从财税、金融、产业引导、土地利用、投资、环保6个方面，提出了支持昌九一体化发展的政策措施[①]。

4. 昌九一体化的主要任务

促进"规划一体化、基础设施一体化、公共服务一体化、产业互补对接"，结合全面深化改革的总体要求，规划确定了6个方面的主要任务：

（1）基础设施互联互通。按照适度超前的原则，大力提升交通、能源、水利、信息等基础设施共建共享、互联互通水平，构建

---

① 江西省发改委：《昌九一体化发展规划（2013—2020）》，2014年9月30日。

网络完善、高效便捷的一体化基础设施体系。

（2）产业互补对接。遵循现代产业发展和分工规律，加强昌九产业统筹布局和分工协作，形成区域间产业合理分布和上下游联动机制，重点建设航空、汽车及零部件制造、电子信息等12大工业产业基地，培育壮大商贸物流、旅游、金融、电子商务、文化暨创意等现代服务业，加快发展现代农业，促进产业集群集约和创新驱动发展，构建具有国内比较优势的产业基地，加快形成现代产业体系。

（3）城镇发展联动协作。按照新型城镇化的要求，提升发展南昌、九江中心城区，培育发展共青城—德安等地区性中心城市，发展壮大县域中心城镇，构建层次分明、分工合理的昌九城镇协调发展格局。强化昌九、沿江和沪昆等重点轴线的沟通和联动功能，促进轴线城镇联动发展。

（4）公共服务合作共享。统筹科技、教育、文体、医疗卫生等公共服务资源在城乡之间、区域之间的合理配置，加快建立公共服务资源共建共享体制机制，推动公共服务区域合作，促进基本公共服务均等化。

（5）生态环境同建共治。合力构筑生态屏障，加强区域生态共建共保、环境共治共管，提高资源综合利用水平，促进生态文明建设。

（6）深化改革扩大开放。全面深化改革，进一步扩大开放与合作，积极创新一体化发展体制机制，为昌九一体化发展提供强大动力。

（三）江西对接国家区域发展战略调整的重大机遇和挑战

党的十八届三中全会确定的京津冀一体化、丝绸之路经济带、21世纪海上丝绸之路和长江经济带四个区域发展战略，体现出依托东部，发展中部，促进西部，由东而西，由南向北，纵横结合，区域总体协调发展的新景象。长江经济带的开发开放和总体发展战略的实施,把沿江内地发展突出出来,反映了全国经济东西对接、协调运作、联动发展的市场机制运行规律,将对中西部的开发和协调发展进一步发挥重要作用。

1. 长江经济带战略对于江西的机遇与挑战

江西的地理位置优越,是全国范围内唯一与长江三角洲、珠江三角洲和闽南三角区毗邻的一个省,由"京九沿线经济带"开发战略引起的南北大流通,是长江经济带和京九沿线经济带的交汇集中区,使江西省在我国区域发展战略中具有南北配合、东联西拓的枢纽作用,作为长江开发开放省份和沿海毗邻腹地的区位优势突出,得天独厚的地理环境和良好的区位优势,给江西经济的长期发展带来巨大机遇。

(1) 国际国内产业转移带来的机遇。当前,国际资本转移和沿海产业转移的两大浪潮加速推进,并在中国内陆地区汇合,并呈现出规模扩大、范围拓宽、层次提升的强劲势头。江西省拥有"承东启西"的区位条件和"黄金水道"的交通优势,可接受国际和东部沿海地区资金、技术和产业转移,为推动产业结构升级和经济快速发展提供了良好的契机。

(2) 扩大内需政策带来的机遇。国际金融危机爆发以后,国家长期实行的优先外向型发展模式转变为重视内需型发展模式,这一战略性调整也包含着区域经济发展从过去偏重沿海转变为沿海内陆协调发展的调整,增大了对内陆地区经济发展的重视力度。在这样的背景下,具有国内市场接近性优势的江西省必然成为扩大内需的主战场之一。此外是中部崛起战略深入推进带来的机遇,国务院通过的《促进中部地区崛起规划》,提出了中部地区建设沿长江、陇海、京广和京九"两横两纵"经济带,江西省成为"两横两纵"经济带开发的重中之重。

但是,江西只有九江一个沿江城市,就数量而言是少的,就岸线而言和其他省份比是短的,就地位而言江西是不发达的中部地区,江西必须提升在长江经济带战略中的地位。从与国家区域发展战略的发展趋势和对外开放动力来看,江西省当前的区域发展战略存在以下不足:当前区域发展战略更倾向内部发展战略,无论是鄱阳湖生态经济区规划还是赣南原中央苏区规划都是省域内的区域发展规划,都属于国家特色域战略的一部分,对江西省区域经济核心竞争力带动的动力不足;对外开放流通不足,江西现有区域发展战略更多考虑内部的合作交流,而对外开放不够,不能使得产品价值快速升值,产品的产业链也不够长;主动对接长江经济新支撑带国家战略不够[①]。而且江西省发展目前面临严峻挑战,一方面,全球经济增长模式正在深度调整,国内经济增长条件和动力发生深刻变化,省域、区域间竞争更趋激烈,中部崛起顺应了我国经济社会发展的客观规律,是遵循科学发展观、统筹区域经济协调发展的必然要求,但从中部省份的发展现状来看,行政上各自独立,良性互动机制尚未形成,中部省份产业发展一时难以同构、经济协调发展短期难以同步,因此近年来中部各省面对经济发展东西夹击的严峻形势,纷纷探寻加快发展的新路,江西对接国家区域发展战略与其他省份之间竞争压力颇大。另一方面,江西省经济欠发达地位没有根本改变,面临加快发展和加速转型的双重压力:资源环境约束不断强化、要素成本进入上升期,产业结构调整升级的内在要求更加迫切;产业层次总体偏低,产品附加值不高,贸易结构不够合理,创新能力不足,整体竞争力不强;城乡和区域发展仍不平衡,生产力布局不尽合理,社会结构深刻变动,社会矛盾明显增多,社会建设和管理面临许多问题[②]。

2."一带一路"区域发展战略对于江西的机遇与挑战

"一带一路"战略对江西这样既非沿边也非沿海而没有地缘优势的内陆省份也是存在机遇的,但与那些具有地缘优势的省份相

---

① 刘海清:《做大总量提升质量创出发展升级新天地》,《理论导报》,2013年8月20日。

② 江西省发改委:《江西省国民经济和社会发展第十二个五年规划纲要》,2011年2月19日。

比，存在更多的挑战。

（1）对外开放新格局的机遇与挑战。"一带一路"战略，涵盖了中国中长期对外开放、区域经济调整与发展、国家安全等诸多发展战略。在对外开放新一轮格局的形成中，江西虽非"一带一路"沿线省份，但同样可以承接东部产业、产能的转移，同样可以走出去，和更多的国家建立经贸往来，即江西同样面临形成新的对外开放格局的机遇。如何定位江西未来中长期的对外开放格局，如何去形成新格局，这是由机遇所带来的挑战。

（2）对外承包工程的机遇与挑战。"一带一路"战略初期是大规模的基础设施建设，中国宣布设立丝路基金和倡议成立亚洲基础设施银行，正是为了帮助"一带一路"沿线国家改善基础设施状况，包括公路、铁路、港口、航空、油气管道、电网、网络通信设施等。可以预见，"一带一路"战略将给中国的建筑、交通运输企业带来巨大机会，中国企业将有机会承接更多的海外建设项目。这种机遇不仅是给有地缘优势的丝路沿线省份，同样将给所有有能力承接海外工程的中国企业以机遇。对江西而言，是机遇也是挑战，江西企业应乘势而为，实施"走出去"战略。

（3）经贸合作的机遇与挑战。"一带一路"战略将东亚、东南亚、南亚、欧洲南部、非洲东部的广大地区联系在一起，覆盖了40多个国家和44亿人口，约占世界总人口的63%；经济总量约21万亿美元，约占世界经济总量的29%，存在巨大的贸易空间。"一带一路"沿途国家多为处于不同发展阶段、具有不同禀赋优势的发展中国家，这些国家经济发展潜力巨大，在农业、纺织、化工、能源、交通、通信、金融、科技等诸多领域存在进行经济技术合作和贸易的广阔空间。因而，对江西而言，产业在发展升级过程中能否抓住机遇，扩大经贸合作领域和空间，这既是机遇，又是挑战。

（4）人文交流与旅游互动等领域合作的机遇与挑战。"一带一路"在历史上是中国与中亚、东南亚、南亚、西亚、东非、欧洲经贸和文化交流的大通道。要坚持经济合作和人文交流共同推进，促进我国同沿线国家教育、旅游、学术、艺术等人文交流，使之提高到一个新的水平。可以预见，随着"一带一路"战略的展开，不仅对"一带一路"沿线省份，对全国各省市而言，都面临着与"一带一路"沿线国家发展人文交流和旅游互动等领域合作的良好机遇，对江西同样能够在对外交往中发挥自己的应有作用。

在新一轮区域发展来自中部地区其他省份和沿江省份的激烈竞争中，江西如何应对面临的挑战和困难显得尤为关键。作为不发达的中部地区江西省不应该错过任何发展机遇，更不能放弃长江经济带建设这一重大发展机遇，所以江西只能改变或者说提升在这一战略中的地位，那么如何提升？江西省从国家区域发展战略中看到了机遇，十分珍惜和重视区域发展战略带来的在政策上、资金上、项目上的宝贵机会，融入国家区域发展战略建设。

3. 江西省如何积极应对机遇与挑战

江西是珠三角、长三角、闽三角的战略腹地，是粤港澳产业产品"西进"和"北上"的必经通道①，其独特的区位优势和发达的交通设施更能发挥连接南北、承东启西的重要作用，江西应该从发展理念、规划思路、政策设计等方面抓住机遇，实现江西的快速发展。江西非沿边沿海，没有如东部沿海5省、西部5省和西南4省的地缘优势，地理位置注定江西对外开放腹地的地位，但根据江西承东启西和承北接南，特别是改革开放后所建成的高速公路网，有深入长三角和珠三角及海西经济区的便利，将江西在新一轮对外开放格局中定位为开放前沿的支撑地和紧密联系地，提供农产品、工业品和劳动力等的支撑。

（1）打造内陆大通道。依托南昌、九江两个国家一类口岸和

---

① 强卫：《在江西发展升级投资合作推介会上的演讲》，《江西日报》，2014年5月21日。

海关特殊监管区，积极主动融入国家"依托长江建设中国经济新增长带"和建设长江中游城市群战略，积极推进昌九新区建设；依托现已建成的若干条海铁联运铁路和比较发达的高速公路网络，推进水运口岸平台建设，加快环鄱阳湖港口建设，振兴千年赣鄱黄金水道，推动铁路、航空、港口、公路运输的衔接；依托全国唯一同时毗邻长江三角洲、珠江三角洲、海西经济区三个经济最活跃经济区的优势，与闽、粤、港、澳、台等地区的沿海港口建立更加紧密、更加制度化的口岸联系。

（2）打造内陆贸易支点。加强南昌港和九江港的建设，为海上新丝路内陆贸易支点打造载体。按照机械化、集约化标准加快南昌港建设，建设临空经济区，为海上丝绸之路向内延伸战略提供平台；对接中国—东盟自贸区建设，促进双向投资与贸易；借助"泛珠"合作，强化与云南、广西的经济关系，在中国—东盟合作体系中拓展对接领域和空间；发挥赣港、赣澳和赣台合作交流平台的作用，扩大江西与长江经济带沿江地区、海上丝绸之路沿线国家和地区的贸易往来。

（3）打造产业支点。紧紧围绕江西产业结构调整和经济转型升级，主动承接国内外产业转移。特别是要充分发挥江西的绿色农产品、陶瓷、工艺品、旅游、文化等资源优势，将绿色食品、陶瓷及陶瓷文化创意、生态健康旅游等产业作为向长江经济带、海上丝绸之路等相关国家和地区开放的重要突破口。

（4）加快交通设施建设。江西高铁网络建设较晚，需要完善江西至各沿海、沿边对外开放前沿城市的高铁网络，才能将江西与各对外开放的前沿城市、各中外合作的经济走廊（如孟中印缅、中伊土、中蒙俄、中塔等）较紧密地联系起来，使江西成为这些对外开放的桥头堡和中外合作经济走廊的支撑点。打造江西国际航空港。江西南昌昌北机场，虽名为国际机场，但并未开通南昌至东盟国家、中亚、西亚、欧美等国际航班，需要在国家的支持下，开通江西通往东盟、中亚、西亚、欧美等有关国家的航班，使昌北机场真正成为国际机场。

（5）鼓励企业走出去或者投资合作。根据江西产业特点，选定可以走出去经贸合作甚至投资的项目库，鼓励那些有能力的企业走出去经贸合作或投资合作，以取得双赢。虽然我省近些年来与东盟国家建立了比较密切的贸易往来，但中亚、西亚、南亚、欧洲乃至非洲等，还有广阔的经贸合作空间可开拓。

结合长江经济带发展的战略要求，江西省要加快经济发展，成为长江中游城市群的重要一极。以南昌、九江为核心，以昌九工业走廊沿线城市为纽带，形成具有一定规模的大中城市集群，与武汉城市圈、长株潭城市群、皖江城市带等长江中游城市群呼应，共同支撑中部地区崛起。同时，从战略高度和长远发展出发，遵循不同国土空间的自然特性以及城镇化格局、生产力布局的现状和趋势，进行以下规划：

一是"龙头昂起、两翼齐飞、苏区振兴、绿色崛起"战略格局。"龙头昂起"即以鄱阳湖生态经济区建设为龙头，加快打造南昌核心增长极、推进九江沿江开放开发、建设昌九工业走廊，带动全省科学发展、绿色崛起。"两翼齐飞"即以沪昆线、京九线为轴线，加快发展以上饶、鹰潭为复合中心的赣东北区域经济增长板块，以萍乡、宜春、新余为复合中心的赣西区域经济增长板块。"苏区振兴"即实现以赣州、吉安、抚州等原中央苏区振兴发展。"绿色崛起"即构建以鄱阳湖和赣南山地森林及生物多样性生态功能区、赣东及赣东北山地森林及生物多样性生态功能区、赣西及赣西北山地森林及生物多样性生态功能区的"一湖三屏"为主体的生态安全战略格局。

二是"一群两带三区"为主体的城镇化战略格局。"一群"即以鄱阳湖生态经济区中心城市为重要节点、以环湖交通干线为通道，加快构建鄱阳湖生态城镇群；"两带"即以沪昆线和京九线为轴线，以重点开发的城镇为主要支撑，以轴线上其他城镇为节点，加快培育城镇密集带；"三区"即以南昌、九江、赣州中心城区为核心，以环城高速为纽带，联动发展周边县城和重点城镇，加快建设大都市区。构建"四区二十四基地"为主体的农业战略格局。形成以鄱阳湖平原、赣抚平原、吉泰盆地和赣南丘陵盆地四个农产品主产区为主体，以其他农业区为重要组成的农业战略格局。鄱阳湖平原农产品主产区，重点建设水稻、棉花、油菜、水产、畜禽养殖以及优质蔬菜基地；赣抚平原农产品主产区，重点建设水稻、油菜、蜜橘、水产、畜禽养殖以及优质蔬菜基地；吉泰盆地农产品主产区，重点建设水稻、油菜、果业、畜禽、水产养殖以及优质蔬菜基地；赣南丘陵盆地农产品主产区，重点建设水稻、脐橙、油茶、甜叶菊、畜禽养殖以及优质蔬菜基地。构建"一湖三屏"为主体的生态安全战略格局。形成以鄱阳湖及其湿地保护区、赣东—赣东北山地森林生态屏障、赣西—赣西北山地森林生态屏障、赣南山地森林生态屏障，以其他限制开发的重点生态功能区为重要支撑，以点状分布的禁止开发区域为重要组成的生态安全战略格局。鄱阳湖及其湿地保护区，要重点保护水质、湖泊湿地、候鸟及植被，发挥调蓄"五河"及长江洪水、保护生物多样性的重要作用；赣东—赣东北山地森林生态屏障，要重点加强水土保持和保护生物多样性功能；赣西—赣西北山地森林生态屏障，要重点保护生物多样性、水源涵养功能及其独特的生态系统；赣南山地森林生态屏障，要重点加强水源涵养、水土流失防治和天然植被的保护，发挥保障赣江及东江源水生态安全的重要作用①。

4. 江西省从区域协调和共赢发展整体战略中赢得先机具有重大意义

（1）有利于江西沿江地区加快发展。江西省拥有丰富的水资源、农业资源、旅游资源和科技资源，其开放开发能实现资源的合理使用和有效配置，充分发挥沿江地区产业发展潜力，有效地推动产业

---

① 《江西省人民政府关于印发江西省主体功能区规划的通知》，《江西省人民政府公报》，2013年3月8日。

结构的升级,形成节约能源资源和保护生态环境的产业结构、增长方式和消费模式,进一步促进沿江地区经济社会又好又快发展。

(2) 有利于推动全省区域协调发展。作为连接鄱阳湖生态经济区和原中央苏区振兴、推动全省经济社会协调发展的空间主轴,江西省对接长江经济带的开放开发有利于打破行政壁垒、市场分割和行业界限,加强区域经济合作交流;有利于实现江西发达地区和落后地区的联动,缩小江西东西部差距;有利于发挥沿江大中型城市的辐射功能,带动周边地区协调发展。

(3) 有利于促进中部地区崛起。江西长江经济带的开放开发能充分发挥江西区域核心竞争力和科教、产业、市场、区位优势,成为促进中部地区崛起的重要增长极和战略支点,江西对接长江经济带的建设有利于实现中部地区的联动发展、整体崛起。

二 国家主体功能区战略趋势分析及江西机遇和挑战

(一) 党的十八大后国家实施主体功能区战略发展趋势

1. 国家层面关于各类主体功能区的最新发展定位

2013年6月18日,国家发展和改革委员会出台《国家发展改革委贯彻落实主体功能区战略推进主体功能区建设若干政策的意见》(发改规划〔2013〕1154号),对各类主体功能区的功能定位和发展方向确定了最新的定位,对于各地区推进形成主体功能区规划给出了最新的指导和约束[①]。

(1) 对优化开发区域主要是引导提升国际竞争力。支持优化开发区域率先转变经济发展方式,推动产业结构向高端、高效、高附加值转变,引导城市集约紧凑、绿色低碳发展,提高资源集约化利用水平,提升参与全球分工与竞争的层次。

---

① 国家发展和改革委员会:《国家发展改革委贯彻落实主体功能区战略 推进主体功能区建设若干政策的意见》,2013年7月15日。

(2) 对重点开发区域主要是促进加快新型工业化城镇化进程。在优化结构、提高效益、降低消耗、保护环境的基础上，支持重点开发区域优化发展环境，增强产业配套能力，加快形成现代产业体系，促进产业和人口集聚，推进新型工业化和城镇化进程。

(3) 对农产品主产区域主要是提高农产品供给能力。从保障国家粮食安全和重要农产品供给的大局出发，加大强农惠农富农政策力度，鼓励限制开发的农产品主产区加强耕地保护，稳定粮食生产，发展现代农业，构建循环型农业体系，增强农业综合生产能力，加大社会主义新农村建设投入力度。

(4) 对重点生态功能区域主要是增强生态服务功能。要把增强提供生态产品能力作为首要任务，保护和修复生态环境，增强生态服务功能，保障国家生态安全。因地制宜地发展适宜产业、绿色经济，引导超载人口有序转移。

(5) 对禁止开发区域主要是加强区域监管。依据法律法规和相关规划实施强制性保护，严格控制人为因素对自然生态和文化自然遗产原真性、完整性的干扰，加强对有代表性的自然生态系统、珍稀濒危野生动植物物种、有特殊价值的自然遗迹和文化遗址等自然文化资源的保护。

2. "十三五"期间国家推进形成主体功能区资金支持的调整方向

"十三五"期间国家将按照各区域的主体功能定位和发展方向，通过投资方向和力度的变化加强对主体功能区建设的支持和引导，优化完善主体功能区的中央预算内投资安排；同时要求各省、自治区、直辖市要相应做好相关工作。中央预算内投资将重点支持国家重点生态功能区和农产品主产区，特别是中西部国家重点生态功能区和农产品主产区的发展[1]。

---

[1] 国家发展和改革委员会：《国家发展改革委贯彻落实主体功能区战略 推进主体功能区建设若干政策的意见》，2013年7月15日。

（1）在优化开发区域，国家的资金支持主要在企业技术创新平台和公共创新平台的建设；具有竞争优势和市场潜力的高技术产业、战略性新兴产业、先进制造业和现代服务业；对吸纳农业转移人口规模较大的城市，对教育、医疗、保障性住房等公共服务设施建设给予适当补助。

（2）在重点开发区域，政府投资主要侧重于改善基础设施，对产业结构调整的引导，以及用于规划内重大水利基础设施项目的建设。

（3）在农产品主产区域，国家将逐步加大政府投资对农业建设的支持力度，重点向农产品主产区特别是中西部和东北地区农产品主产区倾斜。对农产品主产区国家支持的建设项目，将适当提高中央政府补助或贴息比例，降低省级政府投资比例，逐步降低市县级政府投资比例。

（4）在重点生态功能区域，将逐步加大政府投资对生态环境保护方面的支持力度，重点用于国家重点生态功能区特别是中西部重点生态功能区的发展。对重点生态功能区内国家支持的建设项目，将适当提高中央政府补助比例，逐步降低市县级政府投资比例。同时，政府投资优先向基本公共服务基础薄弱的国家重点生态功能区倾斜，以促进基本公共服务的均等化。

（5）在禁止开发区域，政府投资将主要用于文化自然遗产的保护，以及对自然生态系统的保护和修复。

3. 主体功能区建设试点示范情况

2014年3月28日，国家发展改革委和环境保护部联合下发《国家发展改革委环境保护部关于开展国家主体功能区建设试点示范工作的通知》（发改规划〔2013〕2624号）指出，开展国家主体功能区建设试点示范工作，是深入贯彻落实主体功能区战略的重要抓手，是完善主体功能区配套政策的重要方式，是进一步凝聚主体功能区战略共识的重要基础，是解决主体功能区建设重点难点问题的重要途径，是坚定不移实施主体功能区制度的重要实践，对于推动形成主体功能区布局具有重要意义。试点示范的主要任务：保护优先，探索如何更好地增强生态产品供给能力；绿色发展，探索如何更好地发展壮大特色生态经济；成果共享，探索如何更好地在生态保护和发展中改善民生；优化格局，探索如何更好地完善空间结构和布局；完善制度，探索如何更好地建立国土空间开发保护制度。《通知》要求，在2015年，有关市县人民政府要结合"十三五"规划编制工作，将试点示范的主要目标和任务纳入经济社会发展规划予以贯彻落实。国家主体功能区建设试点示范名单如下：

北京市：延庆县、密云县；河北省：张家口市、承德市；山西省：临汾市西山片区（乡宁县、吉县、蒲县、大宁县、永和县、隰县、汾西县）、神池县；内蒙古自治区：呼伦贝尔市、四子王旗；吉林省：白山市、通榆县；黑龙江省：大兴安岭地区、通河县、富锦市、海林市；上海市：淀山湖地区；浙江省：开化县、淳安县、浙南山地重点生态功能区（庆元县、景宁畲族自治县、文成县、泰顺县）；安徽省：岳西县、金寨县、霍山县、黄山市；福建省：泰宁县、武夷山市、永泰县、永春县；江西省：遂川县、万安县、莲花县、永新县；山东省：临朐县、山亭区、肥城市；河南省：信阳市、卢氏县；湖北省：十堰市、五峰县、利川市、浠水县；湖南省：张家界市、石门县、江华瑶族自治县；广东省：清远市；广西壮族自治区：巴马瑶族自治县、天等县、凌云县；海南省：海南岛中部山区热带雨林生态功能区；重庆市：巫溪县、城口县、武隆县、酉阳县；四川省：甘孜藏族自治州、万源市、南江县、天全县；贵州省：荔波县、册亨县；云南省：西双版纳傣族自治州、玉龙纳西族自治县；西藏自治区：藏东南高原边缘森林生态功能区；陕西省：安康市、周至县、志丹县；甘肃省：张掖市、甘南藏族自治州；宁夏回族自治区：泾源县、彭阳县、盐池县；新疆维吾尔自治区：阿勒泰地区、特克斯县、博乐市；新疆生产建设兵团：北屯市、图木舒克市；江西省、湖南省、广东省、广西壮族自治区：南岭山地森林及生物多样性生态功能区。

主体功能区建设试点示范，优先在国家重点生态功能区和农产品主产区选择一批具有典型代表性的市县开展，探索限制开发区域转型发展、科学发展的新模式、新路径。由于2014年11月底才形成正式试点示范方案报国家发展改革委和环境保护部，试点示范还未正式实施，目前还无法看出实施进展情况。待试点示范工作实施一段时间后，才能看出实施的效果并总结经验。

4. "十三五"期间实施保障政策的调整方向及与建设生态文明先行示范区支持政策的关联性

"十三五"期间将健全推进主体功能区建设的实施保障机制，具体如下[①]：

一是优化完善主体功能区的中央预算内投资安排。

二是开展主体功能区建设试点示范。按照分类探索、整体规划、重点引导、协同推进的原则，优先在国家重点生态功能区和农产品主产区，选择一批具有典型代表性的市县开展主体功能区建设试点示范。

三是组织编制实施重点地区区域规划和政策文件。按照《全国主体功能区规划》的要求，编制和实施重点地区区域规划和政策文件，贯彻落实主体功能区定位，推进主体功能区建设。加强区域规划和政策文件实施中期评估，根据评估结果适时开展规划修编，进一步加强与《全国主体功能区规划》的衔接。

四是开展主体功能适应性评价。编制产业发展专项规划和重大项目布局，与主体功能区规划相衔接，视需要开展主体功能适应性评价，使之符合各区域的主体功能定位。

五是健全生态补偿机制。着力推进国家重点生态功能区、禁止开发区域开展生态补偿，引导生态受益地区与生态保护地区、下游地区与上游地区开展横向补偿。探索建立主要污染物排放权交易、

---

① 国家发展和改革委员会：《国家发展改革委贯彻落实主体功能区战略 推进主体功能区建设若干政策的意见》，2013年7月15日。

生态产品标志等市场化生态补偿模式。开展碳排放权交易试点,逐步建立全国碳交易市场。优先将重点生态功能区的林业碳汇、可再生能源开发利用纳入碳排放权交易试点。

六是加强监督检查工作。加强对《全国主体功能区规划》贯彻落实情况的监督检查,加强对配套政策落实情况的跟踪分析,强化主体功能区建设进展情况的跟踪评估。

2014年11月公布的《江西省生态文明先行示范区建设实施方案》提出,将江西省建设成为生态文明体制机制创新区。深入推进自然资源资产产权管理和用途管制制度、资源有偿使用制度等体制机制创新,积极探索东江源、鄱阳湖等重点生态功能区跨流域、跨省生态补偿机制,推动建立地区间横向生态补偿制度,在东江源、赣江源、抚河源等流域开展生态补偿试点,不断健全体现生态文明要求的考核评价机制,形成有利于生态文明建设的制度保障和长效机制。同时,建立中央转移支付与地方配套相结合的补偿方式,探索通过对口支援、产业园区共建等方式实施横向补偿;支持在鄱阳湖实施湿地生态补偿试点,探索湿地生态效益补偿办法;完善公益林生态补偿制度,形成科学合理的森林生态效益补偿标准体系;健全矿山环境治理和生态恢复保证金制度,建立矿产资源开发生态补偿长效机制[①]。

通过对比可以发现,主体功能区建设的实施保障政策覆盖范围更宽更广,除了健全生态补偿机制的指导意见之外,保障政策还涉及中央投资和编制区域规划等;但同时这些保障政策多是原则性和框架性的,并没有进行具体的细化。相比之下,《江西省生态文明先行示范区建设实施方案》中所涉及的保障政策则范围窄得多,主要针对生态补偿机制的相关规定。这些规定是在主体功能区建设中有关健全生态补偿机制的框架下所做的具体的细化和进一步延

---

① 黄继妍、张志勇:《新常态下生态文明建设的江西实践》,《西部大开发》,2014年12月15日。

伸，针对性更强，对于江西省打造国家生态文明先行示范区有更强的指导意义，也是有益的探索；探索的成果和经验对于完善推进主体功能区建设的生态补偿机制是有益的补充和借鉴。

（二）国家实施主体功能区战略对江西的重大影响

1. 实施主体功能区战略是江西省解决现实发展难题的重要抓手

今后一个时期，是江西与全国一道全面建成小康社会的关键时期，是建设富裕、和谐、秀美江西的重要阶段；同时在这一时期也面临着许多现实的、迫切需要解决的问题。推进新型工业化必将增加大量工矿建设空间需求；加快城镇化进程必将增加大量城镇建设空间需求；完善基础设施必将增加大量基础设备建设空间需求；提高人民生活水平必然增加大量生活空间需求；发展经济社会必然增加水源涵养的空间需求；应对全球气候变化必然增加保护生态空间的需求。江西各地经济发展不平衡，资源禀赋、环境承载力不同的现状，客观上要求江西人民站在更为科学、全面、系统的立场上思考工业化和城镇化发展中的问题。而实施主体功能区规划，就是根据不同区域的资源环境承载能力、现有开发强度和发展潜力，确定不同区域的主体功能，并据此树立新的开发理念，创新开发方式，明确开发方向，调整开发内容，完善开发政策，规范开发秩序，控制开发强度，提高开发效率，促进城乡之间、区域之间、人与自然之间和谐发展。

长期以来，各级地方政府普遍存在着把 GDP 增长作为衡量地区发展状况或政绩评价的主要标尺，而忽视人文、环境、资源指标的倾向。短视的国土空间开发模式直接危及可持续发展的能力，尤其对于多数国土空间为生态环境脆弱区域的江西来说，这种经济增长模式的代价更大。推进形成主体功能区是江西经济社会发展战略的一次重大转变。实施主体功能区战略，就是要将经济发展从"城城设厂、处处冒烟"的工业化、只讲速度不讲质量的城镇化和产能过剩严重、耕地面积减少、环境污染事件增多的困境中解放出来，推进经济结构战略性调整，引导经济布局，人口分布与资源环境承载能力相适应，促进人口、经济、资源环境空间均衡，强化资源节约和环境保护，转变江西的经济发展方式，实现科学发展、绿色崛起。

2. 推进形成主体功能区是江西加速实现绿色崛起的重大机遇

经综合评价，江西省国土空间划分为重点开发区域、限制开发区域和禁止开发区域三类主体功能区。重点开发区域包括35个县（市、区），占江西省国土面积的20.4%，限制开发区域包括65个县（市、区），占江西省国土面积的79.6%。其中，国家级重点生态功能区包括9个县（市、区），占江西省国土面积的9.31%；国家级农产品主产区包括33个县（市、区），占江西省国土面积的43.66%。以重点生态功能区和农产品主产区为主的限制开发区域和禁止开发区域占了江西省绝大多数的国土空间面积，且这些区域与江西省全国生态文明先行示范区建设在地理空间上高度重合，因此，江西的整体定位为以农产品主产区和生态功能区为主，以重点开发为辅的发展格局。

推进形成主体功能区也是区域政策、绩效考核评价体系的重大变革。目前，加快主体功能区建设的政策包括财政政策、投资政策、产业政策、土地政策、农业政策、人口政策、环境政策和应对气候变化政策，对于不同类型的主体功能区，这些政策的有效性大不一样。主体功能区规划为差别化的区域政策、统一衔接的规划体系、各有侧重的绩效评价以及精准细致的空间管理提供一个可操作、可控制、可监管的基础平台。例如，主体功能区通过政策引导，将有效缩小地区间基本公共服务和人民生活水平的差距，使生活在不同地区的人们都能享有均等化的基本公共服务和大体相当的生活水平。随着国家加快实施主体功能区战略，强力推进主体功能区建设，国家支持力度将越来越大，尤其是对中西部重点生态功能区的财政支持力度将必然持续加大，这对于多数国土空间为农产品主产区和重点生态功能区的江西来说，无论是生态文明先行示范区建设，还是与全国同步实现小康，以及实现区域协调发展，都是巨大的利好消息；且随着区域发展战略的实施，江西省重点生态功能区的面积还有扩大的趋势。通过推行形成主体功能区规划，江西将毫无疑问地享受到更多更优惠的政策支持，这必将使江西更快地实现绿色崛起①。

3. 江西对接国家实施主体功能区战略的机遇和挑战

江西是经济欠发达省份，又是中西部重点生态功能区集中分布地区，经济增长提速的同时做好生态建设和环境保护的压力巨大，推动和落实主体功能区规划面临财力薄弱的瓶颈约束，而主体功能区规划是全省国土空间开发的战略性、基础性和约束性规划，加速推进形成主体功能区规划为大势所趋。在此背景下，江西如何利用好国家给予的各项支持政策，抓住机遇应对挑战，加快体制机制创新，加快新型工业化和城镇化进程，对于江西实现绿色崛起至关重要。

（1）江西对接国家实施主体功能区战略的机遇

第一，重点生态功能区和农产品主产区可以获得更多的优惠政策和中央政府投资的支持。《江西省主体功能区规划》将全省国土空间划分为重点开发区域、限制开发区域和禁止开发区域。对于重点生态功能区和农产品主产区，国家制定了优惠的扶持政策，通过财政政策（主要是中央的转移支付）、金融政策、农业政策等政策组合，用于支持当地的经济发展和公共服务水平的提高。江西省限制开发区域占全省国土面积的79.6%。其中，国家级重点生态功能区占全省国土面积的9.31%，国家级农产品主产区占全省国土面积的43.66%，以重点生态功能区和农产品主产区为主的限制开发区域和禁止开发区域占了江西省国土空间面积的绝大部分。因此，相比于实施主体功能区规划战略之前，江西省将获得更多的中

---

① 《实施主体功能区战略　建设富裕和谐秀美江西》，《江西省人民政府公报》，2013年3月8日。

央政府投资资金和转移支付规模，以及可以享受到更多的优惠政策，这无疑对于改善民生和促进当地经济发展具有积极意义。江西省可以抓住推进实施主体功能区规划的机遇，以提高农产品主产区农产品供给能力和质量为依托，不失时机地推出优质农产品主产区建设工程，争取上升到国家战略，以获得更多的政策支持。

第二，重点开发区域将成为引领江西经济增长的引擎。国家对于重点开发区域的主要定位为促进加快新型工业化和城镇化进程，政府投资主要侧重于改善基础设施，对产业结构调整的引导，以及用于规划内重大水利基础设施项目的建设。江西省国家级重点开发区域为鄱阳湖生态经济区的南昌市、新建县、南昌县、九江市、共青城市、贵溪市等18个市（县），面积占江西全省国土总面积的9.42%。江西国家级重点开发区域与鄱阳湖生态经济区在国土空间上的重叠，为推动鄱阳湖生态经济区的城市群建设提供了前所未有的巨大动力。鄱阳湖生态经济区的城镇化率低于全国平均水平，新一轮城镇化的规划与建设将是江西经济增长的巨大机遇和潜力。相对于全国其他国家级重点开发区，鄱阳湖生态经济区不论在基础设施水平，还是在产业布局的密集度上，都相对较低；同时鄱阳湖流域因河流相对较多，因而水利基础设施也相对更多。江西可以以此为突破口，争取得到国家更多的投资额，加快新型工业化城镇化进程，以此促进经济增长。重点开发区域是江西经济增长的基本内核，在主体功能区规划背景下利用好国家给予重点开发区的各项鼓励措施，集中力量打造昌九新区，加快推进昌九一体化，重点推进南昌打造核心增长极和九江沿江开放开发，把九江打造成承接产业转移的前沿、对外开放的高地，以及融入长江经济带的重地。

第三，结合省情发展优势产业。首先，江西生态环境好，经济欠发达，利用良好的生态环境解决经济欠发达难题的结合点就是旅游业。旅游业资源消耗少、带动系数大、就业机会多、综合效益好。因此，江西应抓住重点生态功能区域和禁止开发区域在全国具有的优势地位所带来的机遇，打造生态健康国际旅游目的地。大力挖掘旅游资源特色，充分发挥江西在国家向西开放中独特的人文、地缘、旅游、生态等资源优势，建设特色鲜明国际旅游目的地。尽管旅游产业没有被列入江西省十大战略性新兴产业，但应该把旅游业放在更加突出的位置，使之成为江西科学发展、绿色崛起的生力军。其次，抓住江西为长江中下游流域重要农产品主产区的地位，打造国家级绿色食品集聚区，充分利用江西农业资源丰富、生态环境优良的优势，大力发展精致农业，着力推进农业生产的高产化、产业化、规模化、品牌化，努力打造全国精致农业和绿色食品生产基地。

第四，抓住国家主体功能区建设试点示范的机遇，与全国生态文明先行示范区建设相结合，推动体制机制创新，提升江西生态文明建设水平。目前，江西省有遂川县、万安县、莲花县、永新县被列入国家主体功能区建设试点示范名单。对于主体功能区试点建设，国家给予了更多的政策尝试的机会。江西省生态文明先行示范区建设已经上升为国家战略，国家鼓励江西各级政府和组织大胆先行先试。对于江西来说，这都是难得的机遇，应将两者有机结合起来，进一步解放思想，开拓思路，大胆进行体制机制创新，以体制机制创新为抓手推动江西经济跨越式发展。

（2）江西对接国家实施主体功能区战略的挑战

一是基础薄弱，发展任务艰巨。江西省的发展基础还很薄弱，欠发达的省情还未根本改变；同时又面临着土地、劳动力等要素成本不断提高、资源环境约束日益趋紧等诸多制约因素，不仅加快发展的任务十分艰巨，而且加速转型的任务也十分繁重。江西省人均GDP要在2020年赶上全国平均水平，今后几年全省GDP年均增速必须保持比全国高3.8个百分点以上，与全国同步全面建成小康的任务异常繁重和艰巨。现在东部地区经济增速虽然放慢，但更注重提质；西部地区和中部其他省份则在加速发展。在东部提质、中西部提速的双层夹击下，江西的经济呈现塌陷的危险。江西良好的生态优势主要建立在工业化程度较低、发展仍然不足的基础之上，生态环境还相当脆弱。如果不加快转变经济发展方式，不采取更为有力有效的措施，江西所引以自豪的生态优势和绿色品牌就可能最终丧失。如何在加快发展的同时，切实保护好青山绿水，巩固好生态优势，是江西所面临的最大挑战①。

二是挑战还与地方政府和社会的理念转变有关。在今后较长时间的发展过程中，江西将始终是处于追赶型的发展阶段，而非引领型，如果只追求 GDP 则永远感觉很疲劳。这种情况下，如果主体功能区规划的理念没有被政府和社会很好地认知和了解，政府职能和民众意识没有很好转变的话，追赶的进程会显得很痛苦。即使政府和社会的理念发生了转变，还需要中央相关政策的配套支持。转移支付是否能够足额到位，能否支撑江西限制开发区域和禁止开发区域的长远发展，对于江西区域发展战略的制定和实施效果会产生不小的影响。如果转移支付不到位，或者政策支持力度不够的话，地方政府可能会处于摇摆、动摇的状态，地区发展的路径、路线图依然不明确。

三 国家区域发展战略与主体功能区战略相结合的现实条件

我国区域发展战略与主体功能区战略是相互融合相互促进的关系。下面通过分析与江西省有关的区域发展战略及主体功能区战略的定位、布局、支持措施等，来解析两大战略相结合的现实条件。

（一）长江经济带建设战略与主体功能区战略

1. 长江经济带建设战略与主体功能区战略在空间规划方面的一致性

长江经济带纳入国家发展战略的契机是 2010 年 12 月 21 日由

---

① 郭芳、董显苹：《提速小康：强卫的江西使命》，《中国经济周刊》，2013 年 8 月 19 日。

国务院颁布实施的《全国主体功能区规划——构建高效、协调、可持续的国土空间开发格局》，提出到2020年全国主体功能区布局基本形成时，经济布局更趋集中均衡，"使经济增长的空间由东向西、由南向北，人口和经济在国土空间的分布更趋集中均衡"。该规划从国家"顶层设计"层面强调了长江流域地区在国土空间开发格局中的重要地位，主要体现在：沿长江通道是"两横（陆桥通道、沿长江通道）、三纵（沿海、京哈京广、包昆通道）"为主体的城市化战略格局中的重要发展轴；长江流域农业主产区是"七区二十三带"为主体的农业战略格局中的重要农业主产区；青藏高原生态屏障、黄土高原、川滇生态屏障是"两屏三带"为主体的生态安全战略格局中的重要生态屏障；长江三角洲地区是国家层面的三大优化开发区域之一，江淮地区、中原经济区、长江中游地区（含武汉城市圈、环长株潭城市群、鄱阳湖生态经济区）、成渝地区、黔中地区、滇中地区名列国家层面的18个重点开发区域之中。推进长江三角洲的优化开发，形成特大城市群，推进江淮、中原、长江中游、成渝等地区的重点开发，形成若干新的大城市群和区域性的城市群战略规划也与长江经济带的规划高度一致[①]。

2. 长江经济带建设战略与主体功能区战略在产业发展规划上的异同性

长江经济带建设战略提出以创新驱动促进产业转型升级，具体包括：强化企业的技术创新主体地位，研究制定长江经济带创新驱动产业转型升级方案，增强自主创新能力；推进信息化与产业融合发展，改造提升传统产业，培育形成新兴产业；打造电子信息、高端装备、汽车、家电、纺织服装等世界级制造业集群；加快发展现代服务业，大幅提高服务业比重；积极开发利用水电，大力发展分布式能源、智能电网、绿色建筑和新能源汽车，打造沿江绿色能源产业带；提升现代农业和特色农业发展水平，着力打造现代农业发

---

① 《全国主体功能区规划》，国发〔2010〕46号，2010年12月21日。

展先行区；建立产业转移跨区域合作机制，引导产业有序转移和分工协作，促进产业布局调整和集聚发展七个方面。

长江经济带整体上属于国家层面的优化开发区域和重点开发区域。国家优化开发区域优化产业结构的功能定位为：推动产业结构向高端、高效、高附加值转变，增强高新技术产业、现代服务业、先进制造业对经济增长的带动作用。发展都市型农业、节水农业和绿色有机农业；积极发展节能、节地、环保的先进制造业，大力发展拥有自主知识产权的高新技术产业，加快发展现代服务业，尽快形成服务经济为主的产业结构。积极发展科技含量和附加值高的海洋产业。国家重点开发区域形成现代产业体系的功能定位为：增强农业发展能力，加强优质粮食生产基地建设，稳定粮食生产能力。发展新兴产业，运用高新技术改造传统产业，全面加快发展服务业，增强产业配套能力，促进产业集群发展。合理开发并有效保护能源和矿产资源，将资源优势转化为经济优势。

通过对比分析长江经济带建设战略与全国主体功能区规划关于产业发展的规划可以发现，在产业规划的目标和方向上，两大战略呈现高度的一致性；但长江经济带关于产业发展与规划更加具体，针对性更强，其目的就是要把长江经济带打造成为引领国内经济最重要的增长区域和具有强大国际竞争力的经济区域。

3. 长江经济带更加注重和强调整个区域的全方位对外开放

国家主体功能区规划主要对四类国家层面主体功能区的功能定位和发展方向进行具体规划和指导，以优化国土空间开发，并没有专门的篇幅用于论述对外开放。与此不同的是，国务院《关于依托黄金水道推动长江经济带发展的指导意见》中专门有一章就长江经济带的对外开放进行论述和指导。《意见》指出：加快建设中国（上海）自由贸易试验区，充分发挥上海对外开放的辐射效应、枢纽功能和对沿江开放的示范引领作用；增强云南面向西南开放重要桥头堡功能，将云南建设成为面向西南周边国家开放的试验区和西部省份"走出去"的先行区，提升中上游地区向东南亚、南亚开放水平;加强与丝绸之路经济带的战略互动,建设向西开放的国际大通道,发挥重庆长江经济带西部中心枢纽作用,增强对丝绸之路经济带的战略支撑;加快武汉、长沙、南昌、合肥、贵阳等中心城市内陆经济开放高地建设,推进中上游地区与俄罗斯伏尔加河沿岸联邦区合作;推动对外开放口岸和特殊区域建设,打造高水平对外开放平台。支持具备条件的边境地区申请设立综合保税区,支持符合条件的边境地区设立边境经济合作区和边境旅游合作区,研究完善人员免签、旅游签证等政策。推动境外经济贸易合作区和农业合作区发展,鼓励金融机构在境外开设分支机构并提供融资支持;构建长江大通关体制。长江经济带各地区全面推进"一次申报、一次查验、一次放行"模式,实现长江经济带海关区域通关一体化和检验检疫一体化,形成与国际投资、贸易通行规则相衔接的制度体系,全面提升长江经济带开放型经济水平[①]。

(二) 生态文明先行示范区建设与主体功能区战略

1. 生态文明先行示范区建设与主体功能区战略定位的关系

第一,生态文明先行示范区建设必须在主体功能区规划的框架下进行。国家生态文明先行示范区建设方案(试行)在各地区组织申报生态文明先行示范区的条件中规定:认真落实全国主体功能区规划,在主体功能区建设方面取得一定成效并具有示范作用的地区方可申报。这意味着在推进形成主体功能区规划中走在全国前列的地区才具备申报国家生态文明先行示范区建设的资格。从战略定位的角度来看,《主体功能区规划》是生态文明先行示范区建设的战略性、基础性和约束性规划,生态文明先行示范区的建设必须在遵循主体功能区规划的条件下进行。

第二,生态文明先行示范区建设是对推进形成主体功能区规划

---

① 《关于依托黄金水道推动长江经济带发展的指导意见》,国发〔2014〕39号,2014年9月25日。

有关内容的有益补充和细化。提供生态产品的理念是推进形成主体功能区的开发理念之一，不管是优化开发、重点开发，还是限制开发和禁止开发区域，都必须具有提供生态产品的功能，而国家和省级层面的主体功能区规划并没有对各区域如何更丰富更有效地提供生态产品有更多阐述和规划。总体上看，我国提供工业品的能力迅速增强，提供生态产品的能力却在减弱，随着人民生活水平的提高，人们对生态产品的需求在不断增强。把提供生态产品作为发展的重要内容已经成为当务之急，因此，以增强生态产品生产能力作为重要内容的生态文明先行示范区建设就显得尤为重要和迫切。在主体功能区规划中对生态产品生产无具体详细规划的背景下，生态文明先行示范区建设是对主体功能区规划内容的有益补充和进一步细化。

2. 生态文明先行示范区建设与主体功能区规划战略目标的一致性

国家生态文明先行示范区建设方案（试行）在主要目标部分写道：通过5年左右的努力，先行示范地区基本形成符合主体功能定位的开发格局。该表述明确表明了生态文明先行示范区建设战略目标与推进形成主体功能区规划的一致性。国家生态文明先行示范区的建设目标还包括：资源循环利用体系初步建立，节能减排和碳强度指标下降幅度超过上级政府下达的约束性指标，资源产出率、单位建设用地生产总值、万元工业增加值用水量、农业灌溉水有效利用系数、城镇（乡）生活污水处理率、生活垃圾无害化处理率等处于全国或本省（市）前列，城镇供水水源地全面达标，森林、草原、湖泊、湿地等面积逐步增加、质量逐步提高，水土流失和沙化、荒漠化、石漠化土地面积明显减少，耕地质量稳步提高，物种得到有效保护，覆盖全社会的生态文化体系基本建立，绿色生活方式普遍推行，最严格的耕地保护制度、水资源管理制度、环境保护制度得到有效落实，生态文明制度建设取得重大突破，形成可复制、可推广的生态文明建设典型模式。这些目标与主体功能区规划中的空间利用效率提高、空间结构得到优化和可持续发展能力提升的主要目标基本保持一致①。

从目标的内容上来看，生态文明先行示范区的建设目标比主体功能区规划中提及的同类目标更高，任务也更加艰巨。为实现这些目标，国家生态文明先行示范区建设方案（试行）提出：要加快实施主体功能区战略，严格按照主体功能定位发展，将生态文明理念融入城镇化的各方面和全过程，分类引导不同主体功能区的城镇化进程；加快发展现代服务业、高技术产业和节能环保等战略性新兴产业，改造提升优势产业；节约集约利用资源，推动绿色循环低碳发展；同时提出把资源消耗、环境损害、生态效益等体现生态文明建设的指标纳入地区经济社会发展综合评价体系。从中可以看到生态文明先行示范区建设与推进形成主体功能区规划在具体操作层面的互动及相互促进相互补充的关系。

3. 生态文明先行示范区建设与主体功能区规划的空间关系

主体功能区规划按照开发方式将全部国土空间划分为优化开发区域、重点开发区域、限制开发区域和禁止开发区域；按照开发内容将全部国土空间划分为城市化地区、农产品主产区和重点生态功能区。生态文明先行示范区建设就是选取不同发展阶段、不同环境资源禀赋、不同主体功能要求的地区开展先行先试。2014年6月国家发展改革委、财政部、国土资源部、水利部、农业部和国家林业局联合公布生态文明先行示范区建设名单（第一批），从所公布的55个生态文明先行示范区所处的主体功能区定位和经济发展阶段，可以大致看出生态文明先行示范区建设与主体功能区规划的空间关系。55个生态文明先行示范区中有江西省、贵州省、云南省和青海省共4个省份全境列入国家生态文明先行示范区建设名单。这4个省份的共同特点是经济增长和产业发展在全国处于较为靠后的名次，但生态环境质量整体良好，在全国处于靠前的位置；生态

---

① 《六部委联合制定国家生态文明先行示范区建设方案》，http://zouyishang.bl. 2013年12月14日。

的脆弱性使得这些区域难以进行大规模、高强度的工业开发，这4个省份的国土空间被划分为限制开发区域和禁止开发区域的比重远高于全国平均水平。与这4省份经济发展、资源禀赋、主体功能区定位，以及生态环境类似的区域还有，安徽省黄山市、湖南省湘江源头区域、湖南省武陵山片区、辽宁省辽河流域、广西壮族自治区玉林市、重庆市渝东南武陵山区、重庆市渝东北三峡库区、西藏自治区山南地区等，也被遴选为国家生态文明先行示范区，占55个生态文明先行示范区数量2/3左右的比例。

然而，生态文明先行示范区建设并不仅限于在限制开发和禁止开发区域展开，重点开发区域和优化开发区域也一样可以进行示范建设。如上海市闵行区、江苏省镇江市、浙江省杭州市、广东省梅州市、四川省成都市等都成功申报生态文明先行示范区建设。这些区域的共同特点是经济发达，产业布局集中，整体属于优化开发区域；在经济快速增长的同时生态环境保护得力，生态文明建设有一定的基础和经验，但环境和资源对于经济增长的约束日益趋紧，需要探索新的发展方式和路径。总的来说，生态文明示范区建设以经济欠发达、生态环境保持良好的区域为主，以经济发达同时生态环境保护有效的优化开发区域和重点开发区域为辅，由于生态文明示范区建设并不以高强度高污染的工业集中开发为主，因此，通过生态文明示范区建设，对于破解资源环境瓶颈制约，加快建设资源节约型、环境友好型社会，不断提高生态文明水平，具有重要的意义和作用。

（三）鄱阳湖生态经济区建设战略与主体功能区战略

1. 鄱阳湖生态经济区建设是推进形成主体功能区规划的具体落实，两者在战略目标上高度契合

鄱阳湖生态经济区规划于2009年12月由国家发展与改革委员会正式批复并付诸实施，鄱阳湖生态经济区建设正式上升为国家战略。规划范围包括南昌、景德镇、鹰潭3市，以及九江、新余、抚

州、宜春、上饶、吉安的部分县（市、区），共 38 个县（市、区），国土面积 5.12 万平方公里。鄱阳湖是长江的重要调节器，是我国唯一的世界生命湖泊网成员，在我国乃至全球生态格局中具有十分重要的地位。鄱阳湖地区位于沿长江经济带和沿京九经济带的交汇点，毗邻武汉城市圈、长株潭城市群、皖江城市带，区域基础条件较好、发展潜力较大，是中部地区正在加速形成的增长极之一，在我国区域发展格局中具有重要地位。而随着工业化和城镇化的快速推进，生态环境保护的压力与日俱增。鄱阳湖生态经济区的建设，有利于探索生态与经济协调发展的新路子，有利于探索大湖流域综合开发的新模式，有利于构建国家促进中部地区崛起战略实施的新支点，有利于树立我国坚持走可持续发展道路的新形象，意义重大。鄱阳湖生态经济区的发展定位为全国大湖流域综合开发示范区，长江中下游水生态安全保障区，加快中部崛起重要带动区，以及国际生态经济合作重要平台[①]。

鄱阳湖生态经济区规划根据自然生态系统的不同特征和经济地域的内在联系，将鄱阳湖生态经济区划分为 5181 平方公里的湖体核心保护区、3746 平方公里的滨湖控制开发带和 4.22 万平方公里的高效集约发展区。依据区域资源环境承载能力、发展现状和开发潜力，将湖体核心保护区的区域功能定位为：强化生态功能，禁止开发建设；该功能定位与将鄱阳湖及其湿地保护区确定为禁止开发区域的主体功能区规划，与《江西省主体功能区规划》中确定的构建"一湖三屏"为主体的生态安全战略格局相一致。将滨湖控制开发带的区域功能定位为：构建生态屏障，严格控制开发；该功能定位与将鄱阳湖平原农产品主产区确定为限制开发区域的主体功能区规划，构建"四区二十四基地"为主体的农业战略格局基本一致。高效集约发展区的区域功能为：集聚经济人口，高效集约开发；该发展定位与《江西省主体功能区规划》中"龙头昂起"的

---

① 国家发展与改革委员会：《鄱阳湖生态经济区规划》，2010 年 2 月 22 日。

国土开发战略格局高度契合。"龙头昂起"即以鄱阳湖生态经济区建设为龙头，加快打造南昌核心增长极、推进九江沿江开放开发、建设昌九工业走廊，带动全省科学发展、绿色崛起。《江西省主体功能区规划》将鄱阳湖生态经济区范围内的18个县（市、区）确定为重点开发区域，是为了引导生产要素向经济区内集中配置，促进工业化城镇化集约布局，加快经济发展和人口集聚。

从鄱阳湖生态经济区两区一带的区域功能定位可以看出，两区一带的区域功能定位遵循主体功能区的理念，科学划分生态保护、农业发展、城镇建设和产业集聚区域。

2. 鄱阳湖生态经济区规划与江西省主体功能区规划在实施政策上的差异

《江西省主体功能区规划》在其第五章《保障措施》中专门论述了如何根据推进形成主体功能区的要求，实行分类管理的区域政策，建立市场主体行为符合各区域主体功能定位的利益导向机制。这些为推进形成主体功能区规划的区域政策包括财政政策、投资政策、产业政策、土地政策、农业政策、人口政策、环境政策，以及应对气候变化政策。具体政策如下[①]：

一是财政政策主要通过加大均衡性转移支付和奖补力度，引导并帮助地方建立基层政府基本财力保障制度，增强限制开发区域与禁止开发区域基层政府实施公共管理、提供基本公共服务和落实各项民生政策的能力，并通过明显提高转移支付系数等方式，加大对重点生态功能区的均衡性转移支付力度。

二是《江西省主体功能区规划》提出对不同的主体功能区采取不同的政府投资政策，逐步加大省级投资用于农业、水利和生态环境保护的比例，实行差别化的投资政策，积极利用金融手段引导社会投资。

---

① 《江西省人民政府关于印发江西省主体功能区规划的通知》，《江西省人民政府公报》，2013年3月8日。

三是实行按主体功能区进行分类管理的产业政策，进一步明确不同主体功能区鼓励、限制和禁止的产业，布局重大项目必须符合各区域的主体功能定位。

四是按照不同主体功能区的功能定位和发展方向，实行差别化的土地利用和土地管理政策，科学确定各类用地规模，确保耕地数量和质量，合理控制工业用地的增加，适度增加城市居住用地，逐步减少农村居住用地，切实保障交通用地的需要。

五是农业政策要求加大强农惠农政策力度，并重点向农产品主产区特别是优势农产品主产区倾斜。保证各级财政对农业投入增长幅度高于经常性收入增长幅度，大幅度增加对农村基础设施建设和社会事业发展的投入，大幅度提高政府土地出让收益、耕地占用税新增收入用于农业的比例，同时健全农业补贴制度。

六是人口政策支持重点开发区域吸纳人口的能力，引导限制开发区域和禁止开发区域人口逐步自愿平稳有序转移，完善人口和计划生育利益导向机制，探索建立人口评估机制。

七是应国家研究开征适用于各类主体功能区的环境税的要求，环境政策鼓励支持绿色信贷、绿色保险、绿色证券等。

八是应对气候变化政策鼓励城市化地区加快推进绿色、低碳发展；引导农产品主产区优化农业种植结构和耕作方式，增强农业适应气候变化的能力；重点生态功能区根据主体功能定位扎实推进林业工程建设，实施湿地生态恢复工程，加强森林和野生动植物资源保护，严格保护现有林地，积极拓展绿色空间。

与主体功能区规划中详细具体且针对性强的支持政策形成鲜明对比的是，尽管鄱阳湖生态经济区规划中也提出国家将对鄱阳湖生态经济区加大财税政策支持和加强金融政策支持力度，以及给予重大项目支持，但这些支持政策多是原则性和方向性的，并没有进行细化制定出操作性强的政策措施，缺乏系统性，政策含金量不多，特别是在生态产业和生态建设方面的政策支持力度欠佳。以生态补偿政策为例，中央政府对鄱阳湖流域特别是鄱阳湖湿地的生态补偿力度不足，每年的财政转移支付和建设资金数量仅 5 亿元，与鄱阳湖所发挥的生态功能、维护长江中下游用水安全的战略作用不匹配，与江西省为"永保一湖清水"付出的代价严重不匹配。鄱阳湖生态经济区建设未能按期达到目标的原因之一，就是由于转移支付的力度太弱严重影响了鄱阳湖流域生态建设和环境保护的积极性。

3. 鄱阳湖生态经济区在政策落实过程中遇到的主要困难及原因

从 2009 年 12 月国务院批复《鄱阳湖生态经济区规划》以来，已经过去了将近 5 年的时间，鄱阳湖生态经济区建设取得了阶段性显著成效，但距离规划当初设定的目标还有不小的差距，导致鄱阳湖生态经济区建设推进缓慢的原因是多方面的。

一是经济发展与生态保护的任务艰巨。江西经济基础薄弱，既面临加快发展、做大总量、改善民生的重要任务，又肩负着保护好青山绿水、巩固好生态优势、维护国家生态安全的重要使命，经济发展与生态保护的任务艰巨。

二是水生态环境保护压力加大。近十多年来，常态化、趋势性的枯水期低水位，给全区生态、民生、经济等方面带来严重影响；且由于种种原因，鄱阳湖水利枢纽工程项目建议书还未获得国家批复。

三是局部地区的生态治理修复有待加强。长期以来，由于生产方式较为粗放，部分农业、果业种植地区，一些矿产资源主要产地，面临着农业面源污染、重金属污染、植被破坏和次生地质灾害等生态环境问题，局部地区和领域生态治理修复的任务紧迫。

四是整体推进力度不够。目前《鄱阳湖生态经济区"两区一带"分区详细规划》仍然未出台，区域发展的战略目标及生态环境保护、基础设施建设、产业发展、城乡社会发展等方面均不明确，一定程度上影响了鄱阳湖生态经济区的建设进程。

五是体制机制创新的推进力度不够。许多体制机制创新要么没有实施，要么实施力度不强。如鄱阳湖生态经济区建设的投融资体制改革进展缓慢；绩效评价考核体制没有取得实质性突破；绿色GDP制度目前仅仅停留在理论探讨层面。

六是协调机制的推进力度不够。鄱阳湖生态经济区建设办公室负责鄱阳湖生态经济区的管理工作，但由于鄱阳湖办为非政府组织，难以充分保障鄱阳湖生态经济区建设有关重大措施的落实。

七是重大项目的推进力度不够。第一，征地拆迁困难制约了项目的实施。第二，配套资金不足滞后了项目的建设。第三，受国家政策制约，鄱阳湖生态经济区标志性工程"两核两控"短期内难有进展。

八是先行先试的推进力度不够。不但整个鄱阳湖生态经济区在优惠政策、管理权限、资源配置和体制机制方面的先行先试没有大的实质性的进展，即使在鄱阳湖生态经济区先导示范区的南昌市和共青城市，先行先试也处于探索阶段和起步阶段。

九是新型城镇化的推进力度不够，重大基础设施建设仍然滞后。推进新型城镇化过程中，生态经济区内部发展不平衡，城镇规模结构不合理，且城镇化和工业化不协调。水、陆、空全面发展的立体交通网络尚未形成，特别是高铁和港口建设落后，2014年9月16日才开通第一条高铁——沪昆高铁。

十是《鄱阳湖生态经济区规划》政策含金量不高。国家在规划中给予的财税政策、金融政策和重大项目支持是原则性和方向性的，没有突破原有的国家对各地的普惠性政策。江西省也未出台专门支持鄱阳湖生态经济区建设的配套政策。

4. 鄱阳湖生态经济区建设与主体功能区战略在体制机制创新目标任务上的契合点

体制机制创新是落实区域发展战略和有效推进形成主体功能区的重要制度保障，鄱阳湖生态经济区建设和江西省主体功能区规划都十分重视在推进和实施过程中的机制体制创新。如《江西省主体功能区规划》规定："重点开发区域要发挥区位优势，创新体制机制，全面对接融合，形成我省对外开放新的窗口"，而鄱阳湖生态经济区有18个市（县）被确定为重点开发区域。两大战略在机制创新的目标任务上有相当程度的契合，其中，高度契合点为两大战略都高度重视对外的开放与融合，通过发展开放型经济，将江西打造为开放高地。同时也存在着程度和方向的差别，如《鄱阳湖生态经济区规划》对于体制机制创新论述的更为详细具体，该规划中专门有一章论述体制机制创新的方向和突破点；而《江西省主体功能区规划》并没有单独的一部分用来论述如何通过体制机制创新以更有效地形成主体功能区，关于体制机制创新的内容散落在保障措施部分和对于每个主体功能区功能定位的具体要求上。

《鄱阳湖生态经济区规划》的第八章深化改革开放部分写道：不断深化改革，创新体制机制，鼓励在生态环保方面先行先试，形成有利于生态与经济协调发展的体制环境。加强区域合作和国际交流，大力发展开放型经济，不断提升发展水平。其中推进重点领域改革包括推进行政管理体制改革、推进所有制结构不断完善，以及推进市场一体化，其内容与《江西省主体功能区规划》中的财政政策和投资政策的政策取向的精神基本一致。

《鄱阳湖生态经济区规划》中关于推动生态环保机制创新包括探索建立绿色国民经济核算考评机制、建立健全生态环保长效机制、积极推进相关改革试点。这些体制机制创新的内容表述与《江西省主体功能区规划》提及的"建立符合科学发展观并有利于推进形成主体功能区的绩效评价体系，强化对各地区提供公共服务、加强社会管理、增强可持续发展能力等方面的评价，按照不同区域的主体功能定位，实行各有侧重的绩效评价和考核办法"，不仅在精神上高度一致，在实施内容上也有相当程度的契合。

两大战略中论及最多的体制机制创新为通过全面提升开放水平实现跨越式发展提供了保障。《鄱阳湖生态经济区规划》要求全经济区坚定不移实施大开放主战略，全面提升开放水平，切实加强国内区域合作，积极推进国际生态合作。《江西省主体功能区规划》也同时要求南昌和九江两大增长极，创新体制机制，扩大开放合作,以大开放促进大发展,将南昌打造成为带动全省发展的核心增长极,将九江沿江地区打造成全省区域合作创新示范区。

(四)赣南原中央苏区振兴发展战略与主体功能区战略

1. 赣南原中央苏区振兴发展战略与主体功能区战略的目标和任务的异同

赣南原中央苏区由赣州市下辖的2区1市15个县组成,包括章贡区、南康区、章江新区、赣州经济技术开发区、瑞金市、赣县、龙南县、全南县、定南县、上犹县、崇义县、大余县、信丰县、安远县、会昌县、寻乌县、于都县、兴国县、宁都县、石城县,赣南地区面积占江西省总面积的1/4,常住人口约850万,约占江西总人口的1/5。赣南原中央苏区经济社会发展严重滞后于全国平均水平,且民生问题突出,生态环境脆弱。因此,振兴发展赣南原中央苏区意义重大,既是重大的经济任务,也是重大的政治任务,对于全国革命老区加快发展具有标志性意义和示范作用。正是在这个背景下,国务院于2012年6月正式出台《国务院关于支持赣南等原中央苏区振兴发展的若干意见》,赣南原中央苏区振兴发展正式上升为国家战略规划,从多方面努力推动革命老区加快发展[1]。

在江西省主体功能区规划中,赣南丘陵盆地农业主产区是构成江西省农业生产格局的重要组成部分;赣南山地森林生态屏障是江西省生态安全战略格局的重要组成部分。整个赣南原中央苏区由于经济基础薄弱,生态环境脆弱,在主体功能区规划中无国家级重点开发区域和优化开发区域。经济发展水平相对较高、产业基础相对较好的章贡区、南康区、章江新区和赣州经济技术开发区被划分为省级重点开发区域,该区域面积占赣南原中央苏区总面积不到1/8;

---

[1] 《国务院关于支持赣南等原中央苏区振兴发展的若干意见》,国发〔2012〕21号,2012年6月28日。

赣南原中央苏区多数地区为国家级重点生态功能区、省级重点生态功能区和国家级农产品主产区，担负着与不同主体功能区相对应的战略目标和任务。

相比之下，《国务院关于支持赣南等原中央苏区振兴发展的若干意见》与《江西省主体功能区规划》在指导思想和原则相一致的情况下，对赣南原中央苏区振兴发展战略目标制定的更为详细具体。主体功能区规划的战略目标偏向于宏观和原则性，相比之下，赣南原中央苏区振兴发展战略目标涉及了更细微的环节，也给出了明确的时间节点。到2015年，赣南等原中央苏区在解决突出的民生问题和制约发展的薄弱环节方面取得突破性进展。尽快完成赣州市农村安全饮水、农村危旧土坯房改造、农村电网改造升级、农村中小学薄弱学校改造等任务；基础设施建设取得重大进展，特色优势产业集群进一步壮大，城镇化率大幅提升，生态建设和环境保护取得显著成效；经济保持平稳较快发展；城乡居民收入增长与经济发展同步，基本公共服务水平接近或达到中西部地区平均水平。到2020年，赣南等原中央苏区整体实现跨越式发展。现代综合交通运输体系和能源保障体系基本形成；现代产业体系基本建立，工业化、城镇化水平进一步提高；综合经济实力显著增强，人均主要经济指标与全国平均水平的差距明显缩小；人民生活水平和质量进一步提升，基本公共服务水平接近或达到全国平均水平，与全国同步实现全面建成小康社会目标。

2. 赣南原中央苏区振兴发展战略与主体功能区战略组织实施体制的异同及政策结合点

一是赣南原中央苏区振兴发展战略有着非常详细的组织实施方案和规划。《国务院关于支持赣南等原中央苏区振兴发展的若干意见》中在关于加强组织领导时指出：首先要加强指导协调。由发展改革委牵头，建立支持赣南等原中央苏区振兴发展部际联席会议制度，负责对原中央苏区振兴发展的指导和统筹协调，加强监督检查和跟踪落实，研究解决重大问题，重大事项及时向国务院报告。

抓紧编制赣闽粤原中央苏区振兴发展规划，进一步细化实化各项政策措施。国务院有关部门要结合自身职能，细化政策措施，加大支持力度，全面落实本意见提出的各项任务。其次要强化组织实施。江西、福建、广东省人民政府要加强对《意见》实施的组织领导，制定工作方案，落实工作责任，加强与有关部门和单位的沟通衔接，强化协调配合，推进本意见的实施。要按照本意见确定的战略定位和重点任务，加快重大项目建设，努力探索有利于科学发展的体制机制。涉及的重大政策、改革试点和建设项目按规定程序另行报批后实施。同时，提出要弘扬苏区精神。

2012年7月6日，中共江西省委江西省人民政府贯彻落实《国务院关于支持赣南等原中央苏区振兴发展的若干意见》的实施意见出台，就如何强化组织保障措施给出了明确且更为详细具体的组织实施安排[①]。第一，加强组织领导。成立以省领导为组长、省直有关部门和有关设区市政府主要负责人为成员的领导小组，统筹解决《意见》实施中的重大问题。领导小组办公室设在省发改委，负责协调推进原中央苏区振兴发展日常工作，进一步细化实化各项政策措施。第二，明确工作责任。省直有关部门按照责任分工要求，各司其职、各负其责，切实做好本系统贯彻实施工作。《意见》对每一项任务和工作都做了详细的安排，如加快解决农村饮水安全问题，由省水利厅牵头，省发改委、省财政厅、省住房和城乡建设厅配合；大力发展现代服务业由省政府金融办牵头，省财政厅、人行南昌中心支行、江西银监局、江西证监局、江西保监局配合。第三，制定了各项政策以保证赣南原中央苏区发展战略的有效实施，这些政策包括财税政策、投资政策、金融政策、产业政策、国土资源政策、生态补偿政策、人才政策、对口支援政策。且对于每项政策都安排了具体的牵头和负责单位，如产业政策由省发改委

---

① 《中共江西省委江西省人民政府贯彻落实〈国务院关于支持赣南等原中央苏区振兴发展的若干意见〉的实施意见》，《江西省人民政府公报》，2012年7月6日。

牵头，省工信委、省商务厅、省科技厅、省环保厅配合；生态补偿政策由省发改委牵头，省财政厅、省环保厅、省水利厅、省林业厅配合。同时，还制定了做好汇报对接、开展督促检查和广泛宣传引导工作的具体要求和措施。

二是《江西省主体功能区规划》同样也制定了包括财政政策、投资政策、产业政策等系统完备的区域政策。在政策保障措施方面，两大战略规划在组织实施上并没有太大的区别，主要的区别体现在赣南原中央苏区振兴发展战略的政策保障措施规定了具体的负责和牵头部门，而主体功能区战略在政策保障措施上的安排更倾向于原则性和方向指导。与江西省政府对赣南原中央苏区振兴发展战略中就每项政策均安排了负责牵头和辅助部门，不同的是，《江西省主体功能区规划》并没有对每个主体功能区规划和实施任务安排负责部门，而是对每个政府有关部门的职责和任务进行了细分和明确化，这些政府部门包括发展改革部门、财政部门、国土资源部门、环境保护部门、人口计生部门、人力资源和社会保障部门、住房和城乡建设部门、工业和信息化部门、水利部门、农业部门、林业部门、气象部门、测绘部门，以及其他各有关部门。如对发展改革部门的要求是负责本规划实施的组织协调；对农业部门的要求是负责编制适应主体功能区要求的农（渔）业发展建设、资源与生态保护等方面的规划及相关政策。同时，规定了市县级人民政府负责落实全国和省级主体功能区规划对本市县的主体功能区定位。

通过以上的分析，本研究报告认为，《江西省主体功能区规划》和赣南原中央苏区振兴发展战略在政策上的结合点主要体现在财政政策、投资政策、产业政策、土地政策、农业政策、人口政策，以及环境政策上。主体功能区规划在制定有关针对赣南原中央苏区振兴发展战略的政策措施时，尽可能做到两大战略之间政策上的对接和互补；同时，针对赣南原中央苏区给予更多的优惠政策，以促进落后的革命老区在经济社会上的跨越式发展。

第五章　江西区域发展战略与主体功能区战略实施情况及互动关系

一　江西区域发展战略实施情况及其经验和教训

改革开放以来，江西省的区域发展战略应该说在不断地演进，江西省第十三次党代会之后，江西省委省政府提出了构建"龙头昂起、两翼齐飞、苏区振兴、绿色崛起"的发展格局，江西省委十三届七次全会以后又提出了加快推进昌九一体化，对江西省的区域发展升级做了进一步的部署。总的来看，江西省区域发展战略主要经历了四个演进阶段。

（一）以农村为重点的区域发展战略

改革开放初期以农村为重点的区域发展战略，我国改革首先是从农村开展家庭联产承包责任制起步，在这个背景下，江西省经济发展战略趋向是以农村建设为重点，依托农业资源和有色矿产资源两大优势，提出建设全国重要的商品粮基地和有色工业基地，使全省的资源优势尽快转变为经济优势。面对旧中国生产力严重失衡的格局和紧张的国际环境，中国共产党将比较落后的内地作为经济布局和投资的重点，实施了以"加强从建国初到改革开放前30年、内地建设、平衡生产力布局、巩固国防"为目标的区域经济平衡发展战略。该战略对于江西省的经济发展、生产力非均衡布局的改善、民族团结和国家安全的增进曾发挥了积极作用，但同时也产生了不容忽视的诸多问题：首先，这种战略违背了生产力发展的客观规律，通过抑制东部发达地区来强化内陆地区的发展，反过来削弱了东部对内地经济发展的支持能力，所追求的只是一种低水平的平衡。其次，这种战略过分强调区域均衡发展而忽视了经济发展的效率原则，造成了较大的资源浪费。尤其是"三线"建设，在内地，特别是在经济较为落后的区域所进行的生产力布局，实际上是一种"嵌入"的方式，大小企业一律"靠山、分散、进洞"，布点较为分散，企业之间、工业部门之间无法建立起正常的经济联系，难以形成综合生产能力和产生规模经济效益[①]。

江西省地域辽阔、人口众多、原有经济基础薄弱且发展极不平衡，超越一定时期生产力发展水平，过分追求地区间的平衡发展，将难以实现各地区发展差距的缩小。邓小平指出，"我们坚持社会主义，要实现全国人民的共同富裕，然而平均发展是不可能的。过去搞平均主义，吃'大锅饭'，实际上是共同落后，共同贫穷，我们就是吃了这个亏"。邓小平的深刻论断实际上是对传统区域经济发展模式的反思。以牺牲效率为代价追求公平的区域发展思想并不符合中国国情，中国的区域经济发展战略必然会经历从平衡到不平衡的重大调整[②]。在计划经济时期，江西省主要优先发展重工业，忽视农业和轻工业的发展，特别是农业的发展。经济建设偏离了贯彻量力而行的原则，既反保守，又反冒进，忽视工农业发展的综合平衡。未正确地处理经济建设和提高人民生活水平的关系，忽视了国家、集体、个人三者的利益。

（二）南门北港发展战略

"七五"时期，江西省提出了南门北港发展战略。1987年为了

[①] 陈新华：《江西省经济发展战略取向的回顾与反思》，《长江论坛》，2003年8月20日。

[②] 段娟：《改革开放初期至90年代中期我国区域发展战略转变的历史考察》，《党史文苑》，2009年6月20日。

策应国家实施的沿海开放战略，江西提出了"支持、跟进、接替"六字方针，政策的重心就是在于建设南门北港。所谓南门就是开放我省的南大门赣州地区，在赣州设立改革开放实验区，扩大经济管理权限，使其与沅陵和港澳对接。北港就是重点建设北部港口城市九江，把在北面靠近长江黄金水道的九江市定为对外开放城市，给予比综合试点城市更加优惠的政策，加快重点项目建设和基础设施建设，提高港口的吞吐能力，使之成为一个全面开放的经济中心。至此全省的区域发展的重点从南北两头展开，成为了江西"七五""八五"时期的投资重点。

积极响应改革开放以后，江西省所实施的南门北港区域经济非均衡发展战略，无疑取得了举世瞩目的巨大成效。就我省国民经济的整体发展而言，这一时期战略的实施，造就了带动国民经济整体增长的经济核心和增长极，促进了整个国民经济的高速增长，增强了国家的经济实力，提高了宏观经济效益和人民生活水平。但是，区域经济非均衡发展战略在实施中也存在一些问题，其中首要的问题是在重点区域优先发展的同时，对不同区域经济的协调发展重视不够，区域经济发展差距拉大[①]。1990年，既是90年代的第一年，也是"七五"计划的最后一年，在这一年中，江西省认真贯彻执行党的十三届四中、五中、六中全会和七届全国人大三次会议精神，坚持以经济建设为中心，坚持四项基本原则，坚持改革开放，治理整顿继续取得明显成效，全省国民经济在比较困难和复杂的条件下又有新发展，完成了全年经济工作任务，实现了"七五"计划规定的主要目标，各项社会事业也取得了新的成就。

（三）京九线、浙赣线大实质发展战略

在"九五"时期，江西省抓住京九铁路贯通和沿长江开放开发

---

① 张深溪：《改革开放以来我国区域经济发展战略的回顾与思考》，《学习论坛》，2009年2月15日。

的机遇,以京九沿线为主干、浙赣沿线为两翼构建大开放格局,展开区域布局,加强农业、主攻工业、繁荣第三产业,推进基础设施建设,加快县域经济发展,加速工业化、城镇化进程。在实施上述战略构思的过程中,紧紧抓住事关经济社会发展全局的关键环节,着力实现两个根本转变,即从传统的计划经济体制向社会主义市场经济体制转变,从粗放型经济增长方式向集约型增长方式转变。经济体制转变要遵循市场经济的一般规律,同时坚持社会主义方向,经济增长方式转变,提高经济整体素质和生产要素的配置水平。要充分发挥体制改革带来的活力和市场竞争机制的作用,实现优胜劣汰和资源优化配置。正确处理新上项目和利用现有基础的关系,充分发挥现有基础的潜力,提高投入产出效益。依靠科技进步和提高劳动者素质,增大科技进步对经济增长的贡献度。狠抓资源节约和综合利用,大幅度提高资源利用效率。按照社会化大生产和合理经济规模的要求,优化企业组织和投资结构。推进流通领域改革,提高流通效率。正确利用计划手段和产业政策,促进经济增长方式转变,力争"九五"期间取得明显的成效[①]。全省着力开发了昌九景、京九铁路沿线、浙赣铁路和320国道沿线三个重点区域,"十一五"时期继续强化了以南昌为中心、京九铁路和浙赣铁路为主轴的区域发展战略,加快区域的经济整合,逐步形成了赣东北、赣中南、赣西三大经济区。

随着改革开放的逐步深入,市场经济体制对资源配置的基础作用开始显现[②]。这时期各种制约经济持续发展的因素不断涌现,非均衡协调发展将不能适应经济社会发展的要求,而区域统筹发展战略的着力点主要落在区域经济发展是否均衡,能否加快区域经济发展、提高综合国力的问题上。区域发展战略从关注工业合理布局和区域经济非均

---

① 《中华人民共和国国民经济和社会发展"九五"计划和2010年远景目标纲要》,《中华人民共和国国务院公报》,1996年3月29日。

② 戴宾:《改革开放以来四川区域发展战略的回顾与思考》,《经济体制改革》,2009年1月25日。

衡发展升华为区域协调发展，内涵越来越丰富。一是在继续强调促进区域经济发展的同时，把基本公共服务均等化作为区域均衡发展的核心目标。二是明确提出要根据各地区资源环境承载能力、开发密度和发展前景，把握区域比较优势，进行合理功能定位，选择差异化的发展路径，实现全国可持续发展。三是在体制机制上进行系统改革和创新。突出政府力量和市场力量的共同作用下，营造区域发展的"造血"机制、创新能力和增长动力；健全互促互动互帮互助机制，在区域互补中实现互惠，在区域联动中达到共赢；配套适度的政策支持，形成分类管理的区域政策体系，这弥补了非均衡发展的不足，将是我国今后区域经济发展必将选择的发展战略[1]。

（四）"龙头昂起、两翼齐飞、苏区振兴、绿色崛起"发展战略

"十二五"时期，江西省提出了"龙头昂起、两翼齐飞、苏区振兴、绿色崛起"的发展战略。"十二五"时期，鄱阳湖生态经济区建设和赣南等原中央苏区振兴发展先后上升为国家战略，围绕实施两大国家战略，江西省提出了打造南昌核心增长极，促进九江沿江开放开发，促进昌九一体化发展，昂起生态经济区建设的龙头，同时向南延伸连接吉泰走廊，并与赣南等原中央苏区振兴相衔接。两翼是沿沪昆线展开构筑提出来的区域发展的格局，一方面反映了自然地理条件对区域发展的积极作用开始引起关注，鄱阳湖生态经济区这一全省经济发展最有利的空间地域受到重视[2]；另一方面，区域发展战略的制定开始考虑中心城市对区域经济活动的组织功能以及城镇的集聚规模与发展水平，以城市群为空间载体培育区域增长极的思路初露端倪。

---

[1] 紫蕊：《推进形成主体功能区　促进区域协调发展》，《城市规划通讯》，2007年3月15日。

[2] 黄世贤：《在开发与保护中实现经济发展方式的转变——鄱阳湖生态经济区建设两年来的启示》，《江西行政学院学报》，2012年7月10日。

纵观江西省改革开放以来区域经济发展战略的演变，基本上经历了非均衡发展战略—协调发展战略—统筹发展战略三个阶段。不同演变阶段，既体现了作为发展战略必须具有的继承关系，也体现了随经济社会发展的实际情况对发展战略作出的必要调整和完善。在计划经济体制下，江西省区域发展战略基本上遵从国家区域发展战略的要求，具有比较明显的均衡特征。但是由于区域均衡发展战略忽视了各个区域自身的发展优势，导致区域经济活力不足、效率低下和整体发展速度迟缓等一系列问题。改革开放之后，在以提高经济效率为基本目的的大背景下，江西省从根本上改变了计划经济体制下的区域均衡发展战略，实行非均衡的区域发展战略。江西省将发展重点转向南门北港的建设，从而加速了九江、赣州地区经济的高速增长，并促进了我省总体经济的快速增长。然而，随着非均衡发展战略的全面实施和市场自发作用的逐步增强，区域发展差距问题开始凸显并日趋严重，促使社会各界对这种战略本身进行反思[①]。同时，结合改革和发展过程中出现的社会、资源、生态和环境等方面的问题，统筹处理改革进程中的各种关系，包括区域之间的关系，其重要性越来越被社会各界所认同。在这种情况下，以科学发展观为指导的区域统筹发展战略应运而生。

江西区域经济发展战略的演变，反映了社会各界特别是决策层不断总结区域发展的经验教训，对区域发展内在规律认识的逐渐深入，也从一个特定的角度反映了人民对建设有中国特色社会主义的探索过程。从三个阶段区域经济发展战略的内容看，它们相互之间既有共性，又不乏各自的特性。从特性的角度观察，非均衡发展战略、协调发展战略、统筹发展战略，在战略理念、战略重点、运作机制等方面都存在着明显的差异。从共性的角度观察，在战略目标上，三个阶段的发展战略的提法虽然有所不同，但都是以实现我省经济健康、持续、快速发展为基本目标。三个阶段的发展战略都遵

---

① 高新才：《中国区域30年发展战略的嬗变》，《社会科学》，2008年11月25日。

从了由点到线再到面、从局部到总体、从量变到质变的发展思想；在具体操作上，三个阶段的发展战略都强调通过政策倾斜和要素投入，来推动特定区域的超前发展。总之，改革开放近30年以来，江西省区域经济发展战略的演变过程是既有承继性，又有转折性[①]。

二 江西省区域发展战略实施效果分析

（一）江西省区域发展战略实施情况

1. 鄱阳湖生态经济区建设的进展情况

截至2013年，鄱阳湖生态经济区规划实施已经整整四年，从实施成效来看，可以概括为几个方面[②]。

一是国家战略叠加效应凸显，开放合作不断深化。赣南等振兴发展原中央苏区上升为我省第二个国家战略后，两大战略相互促进形成了强大的叠加效应。今年以来就有国务院、国资委、中国中铁、中国进出口银行、清华大学、北京大学、中国工程院等10多个国家部委、央企、金融机构、高校和科研院所与江西省签署了战略合作协议，70多个国家部委、央企和金融机构与江西省签了战略合作协议。四年累计利用外资是165.23亿美元，占全省的62.4%，四年来鄱阳湖生态经济区共争取国家部委重大支持政策28项，重大项目133个，争取国家资金初步我们做了一个统计是945亿元，争取到中央财政从2012年起连续五年，每年安排5亿元的专项补助资金，争取到国家核准发行企业债权263亿元，批复我省新材料和生物医药创业投资基金各一家，设立了鄱阳湖产业投资基金，投资基金目前为止投资规模累计达到31.5亿元，省里面各有关部门也出台了重大

[①] 高新才：《中国区域30年发展战略的嬗变》，《社会科学》，2008年11月25日。
[②] 孔凡斌等：《鄱阳湖生态经济区发展报告2010—2013》，中国环境出版社，2014年12月。

的政策和措施104项，安排省级资金430亿元来支持鄱阳湖生态经济区建设，其中铁路、公路和能源是重点，铁路投资达到了117.5亿元，高速公路109.6亿元，能源19.8亿元。

二是大力实施重大生态工程，生态环境持续优化。围绕保护鄱阳湖的一湖清水，全省大力实施五河一湖生态综合治理工程、造林绿化工程、城镇生活污水和工业园区污水处理工程、农村清洁工程以及和谐秀美乡村建设工程等重大工程，开展鄱阳湖综合整治、重金属污染防治、重点工业企业污染治理的一系列重大行动，扎实推进节能减排，通过这些重大生态工程的实施和一系列重大举措，进一步提升了江西的生态环境质量，鄱阳湖的湿地公园由3个增加到2012年的15个，湿地面积由46937.5公顷增加到2012年70126.8公顷，区域内38个市县城镇生活污水处理设施和工业园区污水处理设施全覆盖，全省森林覆盖率由60.05%提高到63.1%，地表水监测断面水质达标率由76.3%提高到80.8%，社区城市环境空气质量全部达到国家二级标准。

三是构建生态产业体系，转型步伐明显加快。围绕构建以生态、农业、新型工业、现代服务业为支撑的生态产业体系，全面推广猪沼果等生态农业模式，加快发展战略型新兴企业、高新技术产业，提升发展现代服务业，鄱阳湖生态经济区新增现代农业示范区21个，高效农作物占种植业的比重接近了一半，区内战略型新兴产业增加值和高新技术产业工业增加值连续保持两位数的增长，占全省比重分别达到68%和59%。其中，高新技术产业工业增加值由363.99亿元增加到2012年的569.1亿元，今年有望突破600亿元，循环经济实现产值3000多亿元，金融、商贸、旅游等现代服务业也在加快发展。今年前三季度区内的第三产业实现生产总值2038.5亿元，占全省第三产业总值56%。

四是加快完善基础设施，发展支撑能力进一步提升。水利方面，峡江水利枢纽实现首台机组发电，无锡口水利枢纽大坝主体工程开工建设，五河及鄱阳湖区47座重点圩堤应急防汛处理工程，

668座并线水库出现加固任务等已经全部完成。公路方面建成了德兴至南昌、永修至武宁等7条高速公路，九江长江二桥建成通车，昌樟高速扩建，昌九高速扩建，同源试验段加快推进，南昌至上栗、南昌至宁都高速开工建设。铁路方面，昌九城际、向莆铁路、樟树及新干沿化工基地专用线已经相继建设，沪昆客专明年可以建成通车。五九客专九井渠铁路即将开工建设，昌吉赣客专现在已经获得了国家的立项。能源方面，南昌新昌电厂、国电九江电厂、景德镇电厂、丰城电厂、贵溪电厂等一批上大压小，和新建工程陆续完成，大唐抚州电厂开工建设，神华九江电厂获得国家的路条，现在修建了川气东送江西支线和西气东输二线江西段赣线，环鄱阳湖建成投运了8个分电厂，装机容量达到了30万千瓦，环鄱阳湖500千伏和220千伏的电网、骨干网建设也在顺利推进，武汉到南昌的特高压工程前期工作现在也在有序开展。

五是积极开展先行先试，改革试点取得了成效。扎实推进生态文明制度建设，出台了鄱阳湖生态经济区保护条例、江西省湿地保护条例等一系列地方性环境保护法规，建立了流域水环境保护、地方公益林和矿产资源开发生态补偿机制，推进碳费交易、林权交易以及水电气等资源性产品价格改革，在一批特色鲜明代表性突出的市县开展统筹城乡发展，两型社会建设自主创新，县域经济发展民营经济、公共服务均化等改革试点，现在争取到南昌、新余、景德镇等十多个城市开展了全国节能减排财政政策综合示范城市、资源枯竭型城市转型、国家城市矿产示范基地、低碳城市、水生态城市、智慧城市等国家级的重大改革试点。

六是建设生态文明社会。生态文明理念深入人心，以生态城市、绿色乡村、生态文化为载体的生态文明创建工作现在在深入开展。生态城市方面，鄱阳湖生态城市群加快培育，新增国家森林城市1个，国家园林城市9个，率先启动了省级生态园林城市，生态工业园区创建工作，创建省级园林城市45个，生态工业园区20个。各设区市的城市建成区绿化覆盖率由43.27%提高到45.1%，同时还广泛开展低碳社区、绿色机关、绿色学校等社会创建活动。在生态文化方面也创立了世界低碳与生态经济大会、环鄱阳湖国际生态文化节、环鄱阳湖自行车赛等一批生态文化标志性品牌，通过鄱阳湖生态经济区建设，全社会生态文明意识得到了明显的提高，为建设全国生态文明示范省奠定了坚实的基础。

2. 赣南等原中央苏区振兴实施进展情况

国务院若干意见出台以后，江西省委省政府也相继出台了贯彻实施意见、实施方案等纲领性文件，编制了12个实施规划和方案，省直部门出台了30多个贯彻落实的文件，截至2014年，在一些实质性的领域也取得了不小的进展。

一是民生投入方面。重点改造了赣南等原中央苏区农村危旧土坯房20万户，改造农村公路6919公里、国省道477公里，解决了200万农村居民饮水安全问题，落实了两类困难群体，居住在农村和在城镇无工作单位、18周岁之前没有享受过定期抚恤金待遇且年满60周岁的烈士子女，以及适行义务兵役以后至退役士兵按照条例实施前年龄在60岁以上未享受到国家定期抚恤补助的农村籍士兵，启动了农村中小学校舍改造、农村幼儿园等12个教育方面的建设项目，基本上解决了赣州市部分农村地区不通电的问题。

二是重大工程实施方面。铁路方面，向莆铁路投入了运营，赣韶铁路、赣龙铁路等项目现在在顺利推进，昌吉赣客专现在已经立项，鹰梅铁路、赣井铁路前期工作正在推进。公路方面，抚吉高速、赣崇高速、大广高速公路龙阳段全面建成。寻乌至全南的高速公路已经开工建设。机场方面，赣州黄金机场扩建工程现在总体规划调整已经待批，井冈山机场扩建基本完成，瑞金机场前期工作也已经开始启动。能源方面，井冈山水电站项目现在可能已经完成，洪都500千伏变电站已经核准，西气东输三县赣州段、樟树到吉安到赣州的成品油管道工程开工建设，赣州南500千伏等8个输变电工程建设投运。水利方面，章江大型灌渠续建配套、赣州和吉安的城市防洪、抚河治理12个防洪等工程加快推进。产业方面，现在赣州卷烟厂技改项目建成投产，赣州稀土产业学研合作创新示范，陇南国家发光材料及稀土应用高新技术产业化，赣州经开区有色金属稀土新材料，国家新型工业化材料示范等基地建设全面启动，吉安电子信息产业基地、抚州生物医药产业基地规模进一步扩大，中国机械工业集团开工建设了赣州汽车配件生产基地，赣州三南承接加工贸易示范基地现在已经吸引了一批企业入园。

三是农业试点情况方面。在国家部委的大力支持下，启动赣州和吉安县两个国家级和25个省级现代农业示范区的建设，实施了赣州、吉安国家农产品现代流通综合试点，瑞金、上犹国家生态文明示范工程试点，赣州、吉安等5个县国家木材战略储备基地试点，赣州国家低碳城市物流企业营业税差额纳税试点，在加快推进东江源流域国家生态补偿试点，赣州、抚州国家现代物流技术运用和共同配送综合试点，赣南三南和吉泰加工贸易承接示范，赣州市低碳农业示范等工程，赣南承接产业转移示范区、内兴与经济振兴实验区、吉泰走廊等重点区域平台建设现在也在全面推进。

（二）区域发展战略实施成效分析

江西省在区域战略与政策实施取得了一定成效，通过这些年区域战略的实施，第一是有利促进了区域的发展，增加了经济整体活力。近些年区域战略和政策的强力实施带来了区域增长格局的重大转变。"龙头昂起、两翼齐飞、苏区振兴、绿色崛起"的区域发展战略的实施，取得了比较好的成效。

一是使得地区间发展差距正在缩小，特别是在增长速度方面体现明显，区域发展的协调性也在不断增强。

二是丰富和完善了宏观调控手段和路径，有效改善了省级政府和地方政府的关系，长期困扰江西省两个积极性发挥的问题，通过分类指导的区域政策在一定程度上得到了比较好地解决。

三是推动了一系列重大的区域发展实验，为实现全面科学发展和体制创新创造了富有价值的经验。尤其是鄱阳湖生态经济区建设和赣南等原中央苏区振兴发展先后上升为国家战略之后，江西省又提出了打造南昌核心增长极，促进九江沿江开放开发，促进昌九一体化发展，昂起生态经济区建设的龙头，同时向南延伸连接吉泰走廊，并与赣南等原中央苏区振兴相衔接的发展思路。

四是巧妙地突破了体制困境，解决了一些十分棘手的难题。一定程度上解决了长期存在的地方发展思路和政策措施不连续、不稳定的问题，由省级政府制定的区域战略与区域政策，由于它特殊的权威性和可操作性受到了相关地方的高度重视，它不会因为领导班子的调整和换届而中断，从而更有利于做到一张蓝图贯穿到底。

（三）江西省区域发展战略的进一步思考

分析江西区域发展战略未来的趋势，需要进一步深化、细化和实化促进区域协调发展的具体措施，在具体操作层面上主要把握好五个方面[①]：

一是要把实行区别对待作为完善区域政策体系的基本方向，分类指导、区别对待是区域政策的实质和核心，要在准确把握国家战略方向的前提下，充分考虑各地的具体差距和实际要求，制定不同的政策，真正实现一区一策。

二是要把推进公共服务均等化作为缩小地区间差距的根本任务，要通过体制创新和法律保障实现不分区域、城乡，公私贫富一视同仁的公共服务均等化。

三是要把促进重点地区加快发展作为促进区域协调发展的主要路径，关键是抓两头。

四是做好条件较好地区的辐射带动作用，同时加快欠发达地区发展，补齐短板。

五是要把建立制度保障作为统筹区域发展的核心要求。

---

① 范恒山：《区域政策与区域经济发展》，《全球化》，2013年2月20日。

三 区域发展战略与主体功能区战略之间矛盾关系

(一) 区域发展战略与主题功能区战略之间的矛盾

江西省自"十一五"时期提出主体功能区建设构想以来，在实施区域发展战略和推进主体功能区建设过程中，出现了以下三方面的矛盾：第一，主体功能区划分标准有着较大的随意性，划分标准不严谨；第二，区域发展战略与主体功能区实施实际进展和成效不明显、不协调；第三，主体功能区的绩效评价体系不完善。

(二) 化解"两大战略"矛盾，处理好六大关系[①]

1. 开发与发展的关系

开发与发展的含义不同。发展通常是指经济社会的发展，发展需要对国土空间进行一定强度的开发。开发，主要指大规模高强度的工业化城镇化开发。限制或禁止开发，特指在这类区域限制或禁止进行大规模高强度的工业化城镇化开发，是为了更好地保护这类区域的农业生产力和生态产品的生产力，并不是限制或禁止所有行为的开发，更不是限制或禁止发展。

2. 主体功能与其他功能的关系

主体功能不等于唯一功能。明确一定区域的主要功能及其开发的主体内容和主要任务，并不排斥该区域发挥其他辅助或附属功能。优化开发和重点开发区域作为城市化地区，主体功能是提供工业品和服务产品，集聚人口和经济，但也必须保护好区域内的基本农田等农业空间，保护好森林、水域、湿地等生态空间，也要提供一定数量的农产品和生态产品。限制开发和禁止开发区域作为农产品主产区和重点生态功能区，主体功能是提供农产品和生态产品，保障国家农产品供给安全和生态系统稳定，但不是不允许开发能源

[①] 《全国主体功能区规划》，国发〔2010〕46号，2010年12月21日。

和矿产资源，不是不允许发展那些不影响主体功能定位、当地资源环境可承载的产业，不是不允许进行必要的城镇建设。对禁止开发区域，要依法实施强制性保护。政府从履行职能的角度，对各类主体功能区都要提供公共服务和加强社会管理。

3. 主体功能区与区域发展总体战略的关系

推进形成主体功能区，是为了更好地落实"龙头昂起、两翼齐飞、苏区振兴、绿色崛起"的区域发展总体战略，深化细化区域政策，更有力地支持区域协调发展，使科学发展和转变发展方式落实到具体的空间单元。将鄱阳湖生态经济区、沿沪昆和京九线的部分区域确定为重点开发区域，是为了引导生产要素向这类区域集中配置，促进工业化城镇化集约布局，加快经济发展和人口集聚。将国家产粮大县和属于国家"七区二十三带"农业战略格局中的部分区域确定为限制开发的农产品主产区，将赣南、赣东及赣东北、赣西及赣西北生态屏障的大部分区域确定为限制开发的重点生态功能区，是为了更好地保护这些区域的农产品和生态产品的生产力，确保国家保护生态环境和粮食安全的支持政策能更集中地落实到这些区域，尽快改善当地人民的生产生活条件，享有与其他区域人民大体相当的基本公共服务。

4. 主体功能区与农业发展的关系

把农产品主产区作为限制进行大规模高强度工业化城镇化开发的区域，是为了切实保护这类农业发展条件较好区域的耕地，使之能集中各种资源发展现代农业，不断提高农业综合生产能力。同时，也可以使国家强农惠农政策更集中地落实到这类区域，确保农民收入不断增加，农村面貌不断改善。此外，通过集中布局、点状开发，在县城和有条件的建制镇适度发展非农产业，可以防止城镇化的无序扩张，避免农村地区"村村点火、处处冒烟"的发展工业，解决分散发展工业对耕地过度占用等问题。

5. 主体功能区与能源和矿产资源开发的关系

能源和矿产资源富集的地区，往往是生态系统比较脆弱或生态功能比较重要的区域,不适宜大规模高强度的工业化城镇化开发。能源和矿产资源开发,往往只是"点"的开发,主体功能区中的工业化城镇化开发,更多地是"片"的开发。将一些能源和矿产资源富集的区域确定为限制开发区域,并不是限制能源和矿产资源的开发,而是应该按照该区域的主体功能定位实行"点上开发、面上保护"。

6. 政府与市场的关系

推进形成主体功能区是政府对国土空间开发的战略设计和总体谋划,体现了国家的战略意图和中华民族长远发展的战略需要。主体功能区的划定,是按照自然规律和经济规律,根据资源环境承载能力综合评价,在各地区各部门多方沟通协调基础上确定的。主体功能区的划定,并不意味着主体功能区的形成。推进形成主体功能区,既要发挥政府重要的引导作用,更要发挥市场配置资源的基础性作用。政府在推进形成主体功能区中的主要职责是,根据主体功能定位配置公共资源,完善法律法规和区域政策,引导市场主体的行为方向。

四 促进江西区域发展战略与主体功能区战略相结合的政策方案

(一)财政政策

按主体功能区要求和基本公共服务均等化原则,深化财政体制改革,完善公共财政体系。加大均衡性转移支付和奖补力度,引导并帮助地方建立基层政府基本财力保障制度,增强限制开发区域与禁止开发区域基层政府实施公共管理、提供基本公共服务和落实各项民生政策的能力,并通过明显提高转移支付系数等方式,加大对重点生态功能区的均衡性转移支付力度。

一是建立生态激励型财政机制。在加大转移支付力度、确保限制开发区域的县(市、区)维持运转及提供基本公共服务的财政保障能力的基础上，进一步完善激励型财政机制。在限制开发区域建立生态导向的激励机制，通过科学设置生态指标考核体系，将省财政转移支付与生态保护成效挂钩，实行生态补偿机制，加大对限制开发区的转移支付力度，加强生态保护与建设的有效激励。

二是探索建立地区之间的横向援助机制。建立生态补偿机制，实行下游地区补偿上游地区。生态环境受益地区采取资金补助、定向援助、对口支援等形式，对限制开发区域因加强生态环境保护造成的利益损失进行补偿。

三是加大各级财政对国家级自然保护区、国家级风景名胜区、国家级森林公园，以及省级自然保护区、省级风景名胜区、省级森林公园的投入力度。在定范围、定面积、定功能基础上定编制，在定编制基础上定经费，并分清省、市、县（市、区）各级政府的财政责任。

（二）投资政策

将政府预算内投资分为按主体功能区安排和按领域安排两个部分，实行按主体功能区安排与按领域安排相结合的政府投资政策。按主体功能区安排的政府预算内投资，主要用于支持重点生态功能区和农产品主产区的发展，其中用于支持重点生态功能区的投资，实施重点生态功能区保护修复工程，每5年解决若干个重点生态功能区的突出问题和特殊困难的方式进行安排。按领域安排的中央预算内投资，须符合各区域的主体功能定位和发展方向，实行有差别的投资管理政策。

一是对不同的主体功能区采取不同的政府投资政策。在重点开发区域，重点支持城镇基础设施建设、部分欠发达地区的公共服务设施建设。在限制开发区域，政府投资主要用于生态修复和环境保护，增强提供生态产品的能力，包括公共服务设施建设、生态移民和促进就业、基础设施建设和支持适宜产业发展等。在禁止开发区域，重点支持公共服务设施、交通设施、管护设施和生态环境设施建设，包括道路、信息、供水、污水、垃圾处理、天然林保护工程等。

二是逐步加大省级投资用于农业、水利和生态环境保护的比例。农业投资，重点用于加强农产品主产区农业综合生产能力的建设；生态环境保护投资，重点用于加强重点生态功能区生态产品生产能力；水利投资，重点用于加强防洪抗旱减灾、水资源合理配置和高效利用、民生水利等。对农产品主产区和重点生态功能区内国家支持的建设项目，适当提高中央政府补助或贴息的比例，降低省级政府投资比例，逐步减少市县政府投资比例。对符合主体功能定位的限制开发区域内的项目在申请国家和省投资计划时，应予以优先安排。

三是实行差别化的投资政策。对适合在限制开发区域发展的特色优势产业，在资源环境可承载前提下，运用财政贴息、投资补贴等方式，对其发展予以扶持。对不同主体功能区国家鼓励类以外的投资项目实行更加严格的投资管理，其中属于限制类的新建项目禁止投资，投资管理部门不予审批、核准和备案。

四是积极利用金融手段引导社会投资。引导商业银行按主体功能定位调整区域信贷投向，鼓励向符合主体功能定位的生态发展和禁止开发区域项目提供贷款，禁止向不符合主体功能定位的项目提供贷款。

（三）产业政策

实行按主体功能区进行分类管理的产业政策。根据国家修订的《产业结构调整指导目录》《外商投资产业指导目录》和《中西部地区外商投资优势产业目录》，进一步明确不同主体功能区鼓励、限制和禁止的产业。布局重大项目，必须符合各区域的主体功能定位。

一是进一步明确不同主体功能区鼓励、限制和禁止的产业。重点开发区域基本按国家有关产业目录执行。在限制开发区域内，仅保留对本区域生态功能不产生不良影响的鼓励类条目；对生态环境有可能造成影响的条目调整为限制类；对空气、水资源等生态环境有较大污染的条目调整为淘汰类。重大制造业项目原则上在重点开发区域布局，同时引导重点开发区域加强产业配套能力建设。

二是严格市场准入制度。对不同主体功能区的投资项目实行不同的占地、耗能、耗水、资源回收率、资源综合利用率、工艺装备、"三废"排放和生态保护等强制性标准。

三是促进产业跨区域转移或关闭。支持重点开发区域承接沿海优化开发区域产业转移，承接产业转移必须坚持高标准，严禁高污染产业和生产能力落后产业转入。对限制开发区域不符合主体功能定位的现有产业，要通过设备折旧补贴、设备贷款担保、迁移补贴、土地置换等手段，促进产业跨区域转移或关闭。在资源环境承载能力和市场允许的情况下，依托能源和矿产资源加工业项目，优先在重点开发区域布局。

（四）土地政策

按照不同主体功能区的功能定位和发展方向，实行差别化的土地利用和土地管理政策。科学确定各类用地规模，确保耕地数量和质量，合理控制工业用地的增加，适度增加城市居住用地，逐步减少农村居住用地，切实保障交通用地的需要。

一是实行用地"三挂钩"制度。即实行城乡之间用地增减挂钩的政策，城市建设用地的增加要与本地区农村建设用地的减少挂钩；实行城乡之间人地挂钩的政策，城市建设用地的增加规模要与吸纳农村人口进入城市定居的规模挂钩；实行地区之间人地挂钩的政策，城市化地区建设用地的增加规模要与外来人口定居的规模挂钩。

二是实行分类管理的土地政策。在重点开发区域，适当扩大建设用地规模，保障基础设施和重点项目用地，引导产业集中建设集群发展，适度增加城市居住用地，合理适度开发未利用土地；在限制开发区域，严格保护农用地特别是耕地和林地，严格禁止为破坏生态、污染环境的产业供地，支持基础设施、生态环境建设、符合主体功能定位的优势特色产业用地，在严格控制园区总用地规模不扩大的前提下，确保省级工业园的用地需求。在禁止开发区域，严禁任何不利于生态保护的土地利用活动，加强生态用地和地质环境保护。

三是相对适当扩大重点开发区域建设用地规模，严格控制农产品主产区建设用地规模，严禁改变重点生态功能区生态用地用途。将基本农田落实到地块和图件，实行永久保护，并标注到土地承包经营权登记证书上，禁止擅自改变基本农田的用途和位置。妥善处理自然保护区内农林地的产权关系，引导自然保护区核心区、缓冲区人口逐步转移。

（五）农业政策

根据国家逐步完善支持和保护农业发展的政策要求，加大强农惠农政策力度，并重点向农产品主产区特别是优势农产品主产区倾斜。调整财政支出、固定资产投资、信贷投放结构，保证各级财政对农业投入增长幅度高于经常性收入增长幅度，大幅度增加对农村基础设施建设和社会事业发展的投入，大幅度提高政府土地出让收益、耕地占用税新增收入用于农业的比例。健全农业补贴制度，规范程序，完善办法，特别要支持增粮增收，落实并完善农资综合补贴动态调整机制，做好对农民种粮补贴工作。

一是完善农产品市场调控体系，稳步提高粮食最低收购价格，完善其他主要农产品价格支持保护政策，充实主要农产品储备，保持农产品价格合理水平。

二是支持农产品主产区依托本地资源优势发展农产品加工产业，根据农产品加工业不同产业的经济技术特点，对适宜的产业，优先在农产品主产区布局。

三是健全农业生态环境补偿制度，形成有利于保护耕地、水域、森林、湿地等自然资源和农业物种资源的激励机制。

（六）人口政策

逐步统一城乡户口登记管理制度，将公共服务领域各项法律法规和政策与现行户口性质相剥离。坚持实施扩大就业的发展战略，促进城乡劳动者充分就业；加快建立覆盖城乡居民的社会保障体系，逐步推进社会保障基本公共服务均等化；实施人才强省战略，建设高素质人才队伍。按照"属地化管理、市民化服务"的原则，鼓励城市化地区将流动人口纳入居住地教育、就业、医疗、社会保障、住房保障等体系，切实保障流动人口与本地人口享有均等的基本公共服务和同等的权益。

一是增强重点开发区域吸纳人口能力。支持重点开发区域更多地吸纳限制开发区域和禁止开发区域转移出来的人口，同时鼓励有稳定就业和住所的外来人口定居落户。降低限制开发区域和禁止开发区域的居民个人申请迁入重点开发区域的条件。对承接较多人口转移的重点开发区域的县（市、区），省给予一定的政策支持。

二是引导限制开发区域和禁止开发区域人口逐步自愿平稳有序转移。鼓励居民通过工作、学习、安置等途径迁往重点开发区域，同时鼓励居民向区域中心城镇集聚。支持发展职业教育和技能培训，提高劳动者跨区域转移就业的能力。限制开发区域的应届初、高中毕业生免费接受中等职业教育或职前技能培训。建立和完善有利于各类劳动者合理流动的社会保障机制，确保城镇职工基本养老保险和医疗保险关系转移接续无障碍。

三是完善人口和计划生育利益导向机制。综合运用奖励扶助、困难救助、养老和医疗扶助等经济手段，引导人口自然增长率较高的限制开发和禁止开发区域的居民自觉降低生育水平，控制人口自然增长率。

四是探索建立人口评估机制。构建经济社会政策及重大建设项目与人口发展政策之间的衔接协调机制，重大建设项目的布局和社会事业发展应充分考虑人口集聚和人口布局优化的需要，以及人口结构变动带来需求的变化。

（七）环境政策

适应国家研究开征适用于各类主体功能区的环境税的要求，鼓励支持绿色信贷、绿色保险、绿色证券等。

一是重点开发区域，根据环境容量，提高污染物排放标准，大力推行清洁生产，做到增产减污，大幅度减少污染物排放量；按照国内先进水平，根据环境容量逐步提高产业准入环境标准；加强排污许可证发放管理，合理分配污染物排放总量，制定合理的排污权有偿取得价格，鼓励新建项目通过排污权交易获得排污权。加强环境风险防范和妥善处置突发环境事件。

二是限制开发区域，加强环保基础设施建设和环境监管，通过治理、限制或关闭排放污染物的企业等手段，实现污染物排放总量持续下降和环境质量状况达标；按照生态功能优先原则设置产业准入环境标准。从严控制排污许可证发放。

三是禁止开发区域，依法关闭所有排放污染物企业；按照强制保护原则设置产业准入环境标准；旅游资源开发必须同步建设污染物处理设施，并达标排放。不发放排污许可证。

四是实行最严格的水资源管理制度，严格实行用水总量控制，对功能区入河排污口设置进行严格审批，加强对水质的监测和保护，对功能区水资源开发利用项目实行水资源论证，实行全面节水，满足基本的生态用水需求，加强水土保持和生态环境修复与保护，提高水资源利用效率。完善上下游各城市水资源保护协调机制。

（八）应对气候变化政策

一是在城市化地区，加快推进绿色、低碳发展。要着力实施重点领域、重点行业、重点工程和重点企业的节能工程，积极发展推广循环经济和可再生能源，加大能源发展先进适用技术研发和推广力度，提高能源使用效率和节约能源资源水平。有序调整产业结构，严格控制高排放、高能耗、高污染产业发展，加快淘汰落后生产能力。减缓农业农村温室气体排放，加强生态环境保护和城市园林绿化建设，优化生产空间、生活空间和生态空间布局，降低温室气体排放强度。加快推进低碳试点城市建设，大力发展低碳的战略性新兴产业和现代服务业，积极建设以低碳、清洁、循环为特征的低碳产业体系。

二是在农产品主产区，优化农业种植结构和耕作方式。选育抗逆品种及低排放的高产水稻品种，加强农、林、牧业废弃物的综合利用，发展和推广可再生能源，突出农业新技术的研究与推广，普及使用设施栽培和科学灌溉技术，统筹粮食作物、经济作物种植，重视动、植物的保护，增强农业适应气候变化的能力。

三是在重点生态功能区，根据主体功能定位扎实推进林业工程建设，巩固和扩大退耕还林、退田还湖，实施湿地生态恢复工程，加强森林和野生动、植物资源保护，健全森林灾害和林业有害生物防控体系，提高陆地生态系统的固碳能力。严格保护现有林地，积极拓展绿色空间。有条件的地区积极开发水能、风能、太阳能、地热能，充分利用清洁、低碳能源。

四是开展气候变化对农业、林业、水资源和生态环境等的影响评估。实行基础设施和重大工程气象灾害风险评估和气候可行性论证制度。提高极端天气气候事件监测预警能力，加强自然灾害的应急和防御能力建设[①]。

---

① 江西省人民政府：《关于印发江西省主体功能区规划的通知》，《江西省人民政府公报》，2013年3月8日。

第六章 "两大战略"互动下的江西区域发展总体战略规划

一 江西"十三五"区域发展战略定位与主体功能区定位

(一)国家对江西省的区域发展规划定位和主体功能区定位

1. 长江经济带建设规划对江西省的发展规划定位

依据《国务院关于依托黄金水道推动长江经济带发展的指导意见》(以下简称《意见》),国家对江西省的发展规划定位为培育以南昌、武汉、长沙为主的长江中游城市群,引领中部地区崛起的核心增长极和资源节约型、环境友好型社会示范区。

《意见》提出增强南昌、武汉、长沙中心城市功能,促进三大城市组团之间的资源优势互补、产业分工协作、城市互动合作,把长江中游城市群建设成为引领中部地区崛起的核心增长极和资源节约型、环境友好型社会示范区。

2. 国家生态文明建设先行示范区规划对江西省的发展规划定位

(1)中部地区绿色崛起先行区。依托长江黄金水道和沪昆、京九等交通大动脉,深化与长三角、珠三角、海西经济区等沿海发达地区的分工协作,建设全国重要的节能环保、新材料、新能源、装备制造等产业基地,建设全国知名的绿色食品原料基地和生态旅游休闲度假区,率先走出一条绿色循环低碳发展的新路子,成为中部地区绿色崛起的排头兵和示范区。

（2）大湖流域生态保护与科学开发典范区。加强河湖管理与保护，保护和修复江河湖泊生态系统，加快推进鄱阳湖生态经济区建设，积极探索大湖流域生态、经济、社会协调发展新模式，走出一条生态良好、生产发展、生活富裕的文明发展之路。

（3）生态文明体制机制创新区。深入推进自然资源资产产权管理和用途管制制度、资源有偿使用制度等体制机制创新，积极探索东江源、鄱阳湖等重点生态功能区跨流域、跨省生态补偿机制，推动建立地区间横向生态补偿制度，不断健全体现生态文明要求的考核评价机制，形成有利于生态文明建设的制度保障和长效机制。

3. 鄱阳湖生态经济区建设规划对江西省的发展规划定位

（1）全国大湖流域综合开发示范区。正确处理经济建设、人口增长与资源利用、环境保护的关系，鼓励率先探索生态、经济、社会协调发展的新模式，走出一条生态良好、生产发展、生活富裕的文明发展之路，为全国其他湖区综合开发和治理发挥示范作用。

（2）长江中下游水生态安全保障区。发挥保障长江中下游水生态安全的重要作用，大力加强生态建设和环境保护，切实维护生态功能和生物多样性，着力提高调洪蓄水能力，努力创造一流水质、一流空气、一流生态、一流人居环境，构筑区域生态安全体系。

（3）加快中部崛起重要带动区。培育一批具有较强竞争力的核心企业和知名品牌，建成全国粮食安全战略核心区和生态高效农业示范区，建成区域性的先进制造业、商贸和物流中心，培育若干在全国有重要影响的重大产业集聚基地，建设国际知名的生态旅游区和休闲度假区，争当中部地区崛起的排头兵。

（4）国际生态经济合作重要平台。切实保护鄱阳湖"一湖清水"，全方位、立体式展示中国坚持生态与经济、人与自然和谐发展的新成就；广泛开展国际经济和技术交流，积极借鉴国际生态经济发展的经验和模式,充分发挥鄱阳湖生态经济区的自身特色,探索建立国际生态经济合作新机制。

4. 全国主体功能区规划对江西省的战略定位

(1)《全国主体功能区规划》将江西鄱阳湖生态经济区部分地区纳入国家重点开发区域。对该区域的功能定位是:区域性的优质农产品、生态旅游、光电、新能源、生物、航空和铜产业基地。

(2)根据《全国主体功能区规划》和《江西省主体功能区规划》,南昌、九江、鹰潭、吉安、上饶、抚州、宜春、赣州、萍乡和新余市的部分地区为国家级农产品主产区,属于长江流域主产区,被纳入到"七区二十三带"为主体的国家限制开发区域(农产品主产区)。对该区域的功能定位是:保障农产品供给安全的重要区域,农村居民安居乐业的美好家园,社会主义新农村建设的示范区。

(3)根据《全国主体功能区规划》和《江西省主体功能区规划》,赣州市的大余县、上犹县、崇义县、安远县、龙南县、定南县、全南县、寻乌县和吉安市的井冈山市为国家限制开发区域(重点生态功能区)。对该区域的功能定位是:保障国家生态安全的重要区域,人与自然和谐相处的示范区。

(4)根据《全国主体功能区规划》,在江西省内的国家自然保护区、世界文化自然遗产、国家级风景名胜区、国家森林公园和国家地质公园属于国家禁止开发区域。对该区域的功能定位是:我国保护自然文化资源的重要区域,珍稀动、植物基因资源保护地。

(二)江西省区域发展整体战略和主体功能区战略具体定位

1. 江西省区域发展整体战略具体定位

(1)三个中心,即以南昌、九江、赣州三个城市为中心。南昌作为江西省的省会城市,定位为带动全省发展的核心增长极;九江是江西省的北门港口城市，定位为全面推进沿长江开放开发，对接长江经济带战略的前沿；赣州临近沿海发达城市，定位为江西省承接产业转移、对外开放的桥头堡，以及赣南等原中央苏区振兴发展国家战略的实施区。

江西从南门北港到昌九工业走廊、吉泰走廊，从南昌打造核心增加极到九江沿江开放开发，从鄱阳湖生态经济区建设到苏区振兴发展，都充分体现了三大中心在江西省区域发展战略中的首要地位。目前，三个中心的经济总量大概占到全省经济总量的半壁江山。

（2）两条主轴，即沿着沪昆线和京九线形成的发展轴。沪昆线和京九线是江西省的两条大动脉，沿线铁路、高速公路等交通密集、资源丰富、城市集中，全省主要的工业基础和教育科技力量均分布在两线地区，原京九线有昌九走廊、吉泰走廊等重要经济廊道，原沪昆线有信江河谷城镇群、赣西城镇群等城镇密集带，两条轴线已经形成了较大的经济开发密度，人口和经济总量现在均已占到全省2/3以上。

（3）四大片区，即赣北、赣中南、赣东和赣西四个地区性的经济区。"十二五"时期，江西深入推进鄱阳湖生态经济区建设，打造各具特色多级支撑的发展极，赣北的南昌、九江重点推进一体化发展，赣东北的上饶、景德镇、鹰潭等积极对接长三角和海西地区，打造对外开放合作的重要平台，由此全省的区域发展就形成了赣北、赣中南、赣东北和赣西四大片区。

从江西省区域发展战略的轨迹来看，正是由于南门北港和大实质等区域战略的实施，为南昌、九江、赣州等中心城市打下了良好的发展基础，形成了沿京九线和沪昆线两条经济密集带，依托鄱阳湖生态经济区和赣南等原中央苏区两大国家战略，江西省"龙头昂起、两翼齐飞、苏区振兴、绿色崛起"的区域发展格局应运而生。

2. 江西主体功能区具体定位

(1) 重点开发区及其定位

依据《江西省主体功能区规划》，重点开发区域主要位于全省"一群两带三区"的城市化战略格局内，包括鄱阳湖生态经济区、赣东北片区、赣西片区、赣中南片区和赣南片区，具体地区分布如表1所示。

鄱阳湖生态经济区包括该区范围内18个县（市、区），是国家重点开发区域。

赣东北片区以上饶中心城区为中心节点，主要包括信州区、上饶县、广丰县3个县（区）的省级重点开发区域。该区域的功能定位是：全面对接鄱阳湖生态经济区、长三角和海西经济区，打造全省经济次中心，建设光伏和锂电池新能源基地、有色金属工业基地、全国光学产业基地、新能源汽车基地，打造全国旅游强市和赣、浙、闽、皖四省交界区域中心城市。

赣西片区以宜春、萍乡中心城区为核心，包括袁州区、湘东区、安源区3个区的省级重点开发区域。该区域的功能定位是：以宜春、萍乡为复合中心，全面对接鄱阳湖生态经济区和长株潭城市群，建设湘赣边际重要的区域中心城市。推动宜春打造区域性综合交通枢纽，建设全省低碳产业示范基地、国家锂电新能源产业基地、中国宜居城市、全国知名养生休闲度假胜地。推动萍乡打造全国资源型城市转型的示范区、全省重要的新型工业化城市、以旅游商贸文化为重点的消费型城市；赣中南片区以吉安中心城区为中心，包括吉州区、青原区和吉安县3个县（区）的省级重点开发区域。该区域的功能定位是：全面对接鄱阳湖生态经济区，加快推进原中央苏区振兴发展，建设全国革命老区扶贫攻坚示范区、重要的区域性综合交通枢纽、红色文化传承创新区、国家级电子信息产业基地、国际知名的旅游观光休闲基地，打造全省重要的绿色农产品基地和能源基地、赣中中心城市。

赣南片区以赣州中心城区为中心，包括章贡区、赣县和南康市

3个县（市、区）省级重点开发区域。该区域的功能定位是：以赣州中心城区为主体，全面对接鄱阳湖生态经济区、珠三角和海西经济区，加快推进原中央苏区振兴发展，打造全国革命老区扶贫攻坚示范区，全国稀有金属产业基地、先进制造业基地和特色农产品深加工基地，重要的区域性综合交通枢纽，我国南方地区重要的生态屏障，红色文化传承创新区，建设国家历史文化名城、省域副中心城市、赣粤闽湘四省通衢的特大型、区域性、现代化中心城市和区域性综合交通枢纽。

表1 　　　　　　江西省重点开发区域地区分布表

级别	范围
国家级	南昌市的东湖区、西湖区、青云谱区、青山湖区、南昌县、新建县，景德镇市的昌江区、珠山区、乐平市，九江市的庐山区、浔阳区、共青城市、九江县、湖口县，新余市的渝水区，鹰潭市的月湖区、贵溪市，抚州市的临川区
省级	上饶市的信州区、上饶县、广丰县，萍乡市的安源区、湘东区，宜春市的袁州区，吉安市的吉州区、青原区、吉安县，赣州市的章贡区、赣县、南康市，宜春市的丰城市、高安市、樟树市和九江市的瑞昌市、彭泽县（县城和部分乡镇）等

注：此表依据《江西省主体功能区规划》中"表3 我省主体功能区类型分布"整理制得。

（2）限制开发区及其定位

限制开发区域（农产品主产区）主要包括鄱阳湖平原主产区、赣抚平原主产区、吉泰盆地主产区和赣南丘陵盆地主产区等"四区二十四基地"，具体地区分布如表2所示。

农产品主产区的功能定位是：保障农产品供给安全的重要区域，农民安居乐业的美好家园，社会主义新农村建设的示范区。农产品主产区应着力保护耕地，稳定粮食生产，增强农业综合生产能力，发展现代农业，增加农民收入，加快建设社会主义新农村，保障农产品供给，确保国家粮食安全和食物安全。

表2　江西省限制开发区域（农产品主产区）地区分布表

级别	范围
国家级	南昌市的进贤县，九江市的永修县、都昌县、德安县，鹰潭市的余江县，吉安市的吉水县、峡江县、新干县、永丰县、泰和县，上饶市的余干县、鄱阳县、万年县、弋阳县、玉山县、铅山县，抚州市的东乡县、南城县、崇仁县、乐安县、金溪县，宜春市的宜丰县、奉新县、万载县、上高县，赣州市的宁都县、信丰县、于都县、兴国县、会昌县、瑞金市，萍乡市的上栗县，新余市的分宜县

注：此表依据《江西省主体功能区规划》中"表3 我省主体功能区类型分布"整理制得。

限制开发区域（重点生态功能区）主要包括怀玉山脉水源涵养生态区、武夷山脉水土保持生态区、幕阜山脉水土保持生态区、罗霄山脉水源涵养生态区、南岭山地森林生物多样性生态区，具体地区分布如表3所示。

农产品主产区的功能定位是：全省乃至全国的生态安全屏障，重要的水源涵养区、水土保持区、生物多样性维护区和生态旅游示范区，人与自然和谐相处的示范区。

表3　江西省限制开发区域（重点生态功能区）地区分布表

级别	范围
国家级	赣州市的大余县、上犹县、崇义县、安远县、龙南县、定南县、全南县、寻乌县，吉安市的井冈山市

续表

级别	范 围
省级	南昌市的湾里区、安义县，景德镇市的浮梁县，九江市的修水县、武宁县、星子县，吉安市的遂川县、万安县、安福县、永新县，上饶市的德兴市、婺源县、横峰县，抚州市的南丰县、黎川县、宜黄县、资溪县、广昌县，宜春市的靖安县、铜鼓县，赣州市的石城县，萍乡市的芦溪县、莲花县

注：此表依据《江西省主体功能区规划》中"表3 我省主体功能区类型分布"整理制得。

（3）禁止开发区域包括依法设立的国家级、省级及以下自然保护区、风景名胜区、森林公园、地质公园、重要湿地等相关区域。其功能定位是：保护自然文化资源的重要区域，点状分布的生态功能区，珍贵动、植物基因资源保护地，饮水安全保障区和行洪安全区。

二 "两大战略互动下"的江西省区域发展战略重点

（一）江西"十三五"区域发展战略原则

1. 服从国家对江西省发展的战略要求

第一，服从国家区域发展总体战略。党的十八大报告中指出："大力促进中部地区崛起。发挥中部地区承东启西的区位优势、综合资源优势以及工业基础、科技实力的比较优势，更加注重转型发展、创新发展、协调发展、可持续发展与和谐发展，稳步提升中部地区作为全国粮食生产基地、能源原材料基地、现代装备制造及高技术产业基地和综合交通运输枢纽的地位，不断增强发展的整体实力和竞争力，努力实现中部地区全面崛起，在支撑全国发展大局中发挥更大的作用。"江西省作为中部地区的重要省份，其发展必须符合国家的战略要求,即依托鄱阳湖平原、赣抚平原、吉泰盆地、赣南丘陵盆地四个农产品主产区为主体,巩固全国重要的粮食生产基地地位;利用资源优势和产业基础,打造成全国能源原材料基地、现代装备制造及高技术产业基地;构建综合交通运输枢纽,发挥承东启西的区位优势,承接东部产业转移。

第二,服从国家主体功能区战略。《全国主体功能区规划》是按照全国不同区域的资源能源环境承载力及空间格局的不同,将全国各地区划分为不同的功能区,承载不同的发展任务。其中,长江中下游地区作为重点开发区,要打造成全国重要的高新技术产业、先进制造业和现代服务业基地,全国重要的综合交通枢纽,区域性科技创新基地,长江中游地区人口和经济密集区。而鄱阳湖生态经济区作为长江中下游地区的重要区域,必须紧密结合国家主体功能区规划,根据主体功能区的战略需求,打造成全国大湖流域综合开发示范区,长江中下游水生态安全保障区,国际生态经济合作重要平台,区域性的优质农产品、生态旅游、光电、新能源、生物、航空和铜产业基地。

第三,服从国家生态文明先行示范区建设的战略需求。我省依托自身的生态优势,率先成为了全境列入的示范省份之一,其示范定位为重点建设好三个区,即中部地区绿色崛起先行区、大湖流域生态保护与科学开发典范区和生态文明体制机制创新区,为我国的生态文明建设积累经验、提供示范。

2. 结合江西省实际发展需求

为对接国家区域发展总体战略,根据江西省自身实际发展需求,结合江西省不同区域的资源禀赋和环境承载力,推进"龙头昂起、两翼齐飞、苏区振兴、绿色崛起"的整体发展战略的实施。

3. 融入国家大发展战略

融入长江经济带战略。利用九江的区位优势,依托九江的港口岸推动江西省融入长江经济带,加快昌九新区的发展。

融入丝绸之路经济带和21世纪海上丝绸之路战略(简称"一

带一路")。江西省作为"一带一路"战略的重要货运枢纽,其区位优势和交通设施又发挥着连接南北、承东启西的重要作用,是国家实施"一带一路"重大战略的基础支撑。因此,江西必须积极争取、主动参与、充分用好国家建设"一带一路"重大战略,在更高层面和更宽领域推动全面扩大开放,促进经济社会跨越发展。

推进国家新型城镇化建设。《国家新型城镇化规划》中指出城镇化能够保持经济持续健康发展,加快产业结构转型升级,解决农村农民问题,是实现现代化发展的必由之路。国家在推进新型城镇化的进程中,江西省政府也必须按照国家的部署,积极推进省内的城镇化建设,可以将构建城市群作为推进城镇化的主体形态,积极融入长江下游城市群建设,把长江中游城市群建设成为引领中部地区崛起的核心增长极和资源节约型、环境友好型社会示范区。

(二)江西"十三五"区域发展重点战略目标

1. 加快推进昌九一体化建设战略

重点推进南昌打造核心增长极和九江沿江开放开发,策应长江中游城市群建设,加快推进鄱阳湖生态经济区建设,使昌九新区更快更好地融入"长江经济带"。打造南昌核心增长极主要是要发挥省会城市的独特地位优势,集聚政策、资金、人才、技术等资源条件,做强三大国家级开发区、红谷滩新区、金融商务聚集区,加速丰樟高、抚州、鄱宜万等周边地区融入南昌一小时经济圈,加快形成南昌大都市区,提升南昌对周边地区和全省发展的引领带动作用。促进九江沿江开发主要是进一步发挥九江通江达海的区位优势,加快临港产业开发,重点围绕重化工业、船舶制造、钢铁、新能源、现代物流等产业,加快培育一批大型骨干企业,加速壮大经济实力。

2. 全面推进鄱阳湖生态经济区建设战略

鄱阳湖生态经济区作为引领江西生态经济发展的国家战略,必须继续推进鄱阳湖生态经济区建设,依靠打造鄱阳湖生态城镇群,促进生态产业群集聚，发展升级。要继续大力实施重大生态工程，保证生态环境持续优化，要加快构建生态产业体系，促进产业转型，要加快完善基础设施，继续推进高速公路、铁路专线、电网、网络等建设，进一步提升发展支撑能力，要着力推行改革试点。

3. 深入实施赣南等原中央苏区振兴发展战略

《国务院关于支持赣南等原中央苏区振兴发展的若干意见》中指出："加大扶持力度，加快新型工业化和城镇化进程，以解决突出的民生问题为切入点，着力改善城乡生产生活条件；以加快交通、能源、水利等基础设施建设为突破口，着力增强发展的支撑能力；以承接产业转移为抓手，着力培育壮大特色优势产业；以发展社会事业为重点，着力提升基本公共服务水平；以保护生态环境为前提，着力促进可持续发展；以改革开放为动力，着力破解体制机制障碍，努力走出一条欠发达地区实现跨越式发展的新路子。"为进一步深入落实苏区振兴的战略发展，实现小康提速，要继续加大民生投入，实施重大基础设施建设工程，改善基础设施条件，要实施先行先试工程，加快体制机制创新，增强振兴发展的动力，最终实现赣东北和赣西两翼齐飞。

4. 加快推进江西省生态文明先行示范区建设

生态文明先行示范区建设为我省推进生态和经济协调发展指明了方向和路径，为我们实现"发展升级、小康提速、绿色崛起、实干兴赣"提供了前所未有的战略机遇。为此，要优化国土空间开发格局，构建"一湖五河三屏"为主体的生态安全格局；要调整优化产业结构，化解过剩产能和淘汰落后产能；要推行绿色循环低碳生产方式；要加大生态建设和环境保护力度，完善县（市）污水收集系统和雨污分流系统；要加强生态文化建设，构建从家庭到学校到社会的全方位生态文明教育体系；要创新体制机制，健全生态补偿机制。

5. 加快推进江西省新型城镇化建设

关键是要优化城镇布局。以鄱阳湖生态经济区为依托，以沿沪昆线和京九线为主轴,聚集优势产业,提高规模效应,着力培育和发展以南昌市为核心的南昌都市区,加快发展九江都市区、赣州都市区,构筑"一群两带三区四组团"为主骨架的省域城镇体系。

(三) 江西主体功能区战略重点

1. 重点开发区域

重点开发区主要包括鄱阳湖生态经济区、赣东北片区、赣西片区、赣中南片区以及赣南片区,这些区域要抓住机遇,实现经济大发展,各区域的发展重点具体如下。

一是鄱阳湖生态城镇群要对全省的工业化、城市化有引领和示范作用,其产业发展既要符合现代城市发展规律,大力发展基础产业、制造业、高新技术产业,发展新兴服务业,发挥二、三产业对城市发展的主导作用;同时,又要保护好生态环境,避免大工业和城市化进展对环境破坏,发挥生态优势对区域经济的促进使用,利用生态优势发展生态产业。例如,在南昌、九江、鹰潭3市建设区域性交通枢纽和物流中心,南昌、九江、景德镇建设现代制造业基地和高新技术产业基地,在鹰潭建设铜产业加工制造基地。滨湖各县市大力发展生态农业,特色水产业及其加工业,做强县域经济。加强各市县的产业联系,物流联系和旅游业的联系,实现共生、互动、合作、共赢。具体如下:

南昌:以大投入推动大建设,以大开放促进大发展,加快产业发展,建设现代都市,创新体制机制,提升南昌发展的聚集力、辐射力和创造力,把南昌打造成为全国重要的先进产业制造基地、全国重要的综合交通枢纽、全国重要的商贸物流中心、全国重要的宜居都市,成为带动全省发展的核心增长极。

九江:充分发挥沿江独特优势,以强化基础设施建设为先导,以优化产业布局和推进产业集聚为核心,以岸线利用和港口建设为重点,创新体制机制,扩大开放合作,加强生态建设,促进沿江大开放、大开发、大发展,将九江沿江地区打造成鄱阳湖生态经济区建设新引擎、中部地区先进制造业基地、长江中游航运枢纽和国际化门户、全省区域合作创新示范区，带动江西融入"长江经济带"发展战略。

景德镇：建设世界瓷都、中国直升机研发生产基地、国家重要的高新技术产业基地和文化生态旅游城市，打造赣东北中心城市，带动江西融入国家"一带一路"发展战略，推动江西经济大发展。

鹰潭：加快融入南昌一小时经济圈，建设绿色世界铜都、中国丹霞地貌及道教文化旅游城市、全国区域性物流节点城市。

新余：建设国家新能源科技城，加快融入南昌一小时经济圈，建设国家光伏产业基地、金属材料高新技术特色产业基地和动力与储能电池产业基地，建设赣西中心城市。

抚州：加快南昌抚州一体化进程，打造南昌和闽台地区后花园，建设优质农产品生产加工集散区、新型能源开发利用试验区、临川文化生态旅游观光休闲区。

巩固和加强粮食主产区地位，加强农业综合生产能力建设，重视农业生态环境保护，建成畜禽水产养殖主产区和生态农业示范区。以鄱阳湖湿地为核心保护区，以沿湖岸线外围一定区域为控制开发带，以赣江、抚河、信江、饶河、修河五大河流沿线和交通干线沿线为生态廊道，构建以水域、湿地、林地等为主体的生态格局。

二是赣东北片区以构建上饶中心城区为中心，以广丰县和上饶县等节点城市为支撑，以主要交通轴线为纽带，连接周边节点城市的空间开发格局，加快形成半小时经济圈和信江河谷城镇群，提升区域一体化水平。

三是赣西片区以宜春、萍乡中心城区为双核，以浙赣铁路、沪昆客运专线、沪昆高速为轴带，促进宜春、萍乡、新余联动发展，加快一体化进程，成为联接长株潭城市群的重要平台。

四是赣中南片区以吉安中心城区为节点，以京九铁路、昌吉赣客运专线、衡茶吉铁路、大广高速和规划研究的吉安至建宁铁路为轴带，加快以吉泰走廊为核心的城镇群建设，形成赣中南新的经济增长极。

五是赣南片区以赣州中心城区为中心，加快赣县、南康一体化进程，以赣粤、赣闽走廊为两翼优化空间结构，合理引导产业布局、人口分布和城镇空间布局，形成赣粤、赣闽城镇密集区，推进赣南等区域山地城镇组团式发展。

2. 限制开发区域

该区域的战略重点是：第一，加强防洪基础设施建设，加强山洪灾害防治，提高水旱灾害应对能力。第二，逐步减少开发活动占用的空间，严格控制开发矿产资源、发展适宜产业和建设基础设施的空间范围，集约利用空间资源。第三，严格把握行业准入条件，在不损害生态系统功能的前提下，适度发展旅游、农林牧产品生产和加工、观光休闲农业等产业，积极发展服务业，根据不同地区的情况，保持一定的经济增长速度和财政自给能力。第四，科学合理地进行城镇布局，集约开发、集中建设，重点规划和建设资源环境承载能力相对较强的县城和中心镇，提高综合承载力。第五，加强县城和中心镇的基础设施建设。

3. 禁止开发区域

该区域战略重点为完善划定禁止开发区域范围的相关规定和标准，对划定范围不符合相关规定和标准的，按照相关法律法规和法定程序进行调整，进一步界定各类禁止开发区域的范围，核定面积；进一步界定自然保护区核心区、缓冲区、实验区的范围，科学界定风景名胜区核心景区范围，对森林公园、地质公园，确有必要的，也可划定核心区和缓冲区，并根据划定的范围进行分类保护和管理；在界定范围的基础上，结合禁止开发区域人口转移的要求，对管护人员实行定编；对位置相连、均质性强、保护对象相同但人为划分为不同类型的禁止开发区域进行归并；对位置相同、保护对象相同，但名称不同、多头管理的，要重新界定功能定位，明确统一管理主体。

第七章 江西争取进入国家"十三五"发展规划的重大项目规划

一 重点开发区域的重大项目

(一) 加快"昌九新区"建设

南昌、九江是鄱阳湖生态经济区建设的重要区域,两市不仅是全省区域发展的龙头,是生态与经济协调发展的龙头,也是全省改革开放创新的龙头。实现这一区域的龙头昂起的重中之重是要推进昌九一体化,推进打造核心增长极、九江沿江开发。

1. 打造南昌核心增长极

发挥省会城市的独特地位优势,集聚政策、资金、人才、技术等资源条件,做强三大国家级开发区、红谷滩新区、金融商务聚集区;加快形成南昌大都市区,包括以南昌市中心城区为核心周边100公里范围的区域,含南昌市中心城区、抚州市中心城区、共青城市及13个县(市)等一小时经济区。

加快实施昌九一体化、昌抚一体化战略,尽早形成昌九经济走廊,并促进抚州融入南昌,推进奉新、高安、丰城、樟树、东乡、余干、永修等县市对接南昌中心城区,构建共具核心增长极效应的共同发展格局。

并加快南昌主城区西跨、东进、北控、南拓、中兴的步伐,加快形成以赣江为主轴、以城市中心区为核心的"一江两岸、一核五组团"的现代化大都市框架。

在交通方面，南昌将加快出市出省高速公路建设，加快昌九、昌樟高速公路改造提升，完成南外环高速公路，建成绕城高速外环。并策应高铁时代，重点推动杭昌长、昌吉赣、宁合昌以及南昌至广州、武汉等地高铁客货运专线建设。

加快推进南昌临空经济区和共青先导区建设，建设全国重要的先进制造基地、商贸物流中心和宜居都市，打造全国区域经济增长的战略支点、长江中游城市群中心城市、全国重要综合交通枢纽、带动江西省发展的核心增长极[①]。

专栏1：

南昌要打造核心增长极，其核心支撑点仍是需要壮大支柱产业和培育龙头企业。为此，规划提出，要超常规发展传统支柱产业和战略性新兴产业，大规模承接国内外产业转移，促进项目集聚、产业集群，建设以"千亿产业集群""千亿园区板块""百亿企业方阵"和"百亿服务业集聚区"为主要内容的现代产业体系。

围绕加快推进电子信息、汽车、新材料、食品四大主营业务超千亿和航空制造、纺织服装、新能源、机电、医药五大主营业务超500亿元的重大产业发展方面。

（2）促进九江沿江开发

进一步发挥九江通江达海的区位优势，加快临港产业开发，重点围绕重化工业、船舶制造、钢铁、新能源、现代物流等产业，加快培育一批大型骨干企业，加速壮大经济实力。

以九江市中心城区为核心，强化长江沿岸152公里的城镇发展和资源要素集聚，沿江联动瑞昌市、九江县、湖口县、彭泽县，形

---

① 江西省人民政府：《关于全力支持南昌发展打造核心增长极的若干意见》，《江西省人民政府公报》，2012年6月23日。

成沿江城镇发展带；向南联动德安县、共青城市、永修县、星子县、都昌县，强化昌九城镇走廊，推进沿江开放开发，把九江沿江地区打造成鄱阳湖生态经济区建设新引擎、中部地区先进制造业基地、长江中游航运枢纽和国际化门户、江西省区域合作创新示范区[①]。

> 专栏2：
>
> 新能源产业建设工程：都昌县突出抓好风能利用和生物质能源。建设棠荫岛风电场和鄱阳湖浅滩风电场，加快引进生物质能热电、灰渣综合利用、生物质节能块、秸秆汽化及垃圾发电等项目；着力引进一批生物质能和节能电器等项目。鄱阳县以"全国首批绿色能源示范县"为契机，积极引导生物质能、太阳能、风能等新能源企业围绕产业上游下游、产前产后进行深度开发，形成广覆盖、多配套的产业发展格局。
>
> 汽车零部件制造工程：以都昌县工业园区为重点，扶持江西金昌汽车零部件有限公司、星神公司、金盛公司、苏家垱内燃机配件厂等企业，重点开发乘用车、商用车、特种车、混合动力汽车和纯电动汽车，以及小型高速柴油机、汽油发动机、变速器、柴油车超低排放后处理装置，提升昌河、江铃、长安等车型车厢覆盖件（钣金冲压件）、空气滤波器、羊角销、摇整臂、横直拉杆等产品质量。
>
> 船舶制造工程：以星子县工业园区为重点，扶持传统产业项目发展，以银星造船公司为龙头企业，推进排水量1.8万吨以下化学品轮船和油轮等产品开发生产，利用其全部出口的优势，提升产品竞争力，同时充分利用星子县湖岸线长优势，开发游艇制造及旅游产业园，将其打造成为鄱湖生态园。

---

① 《江西省新型城镇化规划（2014—2020年）》，《江西日报》，2014年7月15日。

(二) 进一步打造赣东北开放合作高地

以开放合作作为突破口推进赣东北在新的起点上参与长三角、海西经济区的分工与合作，促进区域大发展。

1. 加快形成"一极两都"的开放开发总体格局

支持上饶建设带动我省中部的重要增长极，景德镇市要加快建设世界瓷都，鹰潭市打造世界铜都。

上饶全面对接长三角、海西经济区，打造光伏和锂电池新能源基地、有色金属工业基地、全国光学产业基地、新能源汽车基地，建设全国旅游强市、赣东重要增长极和赣浙闽皖四省交界区域中心城市。

景德镇以九景衢、皖赣铁路和九景、安景高速为轴线，以景德镇中心城区为核心，联动发展乐平市、浮梁县、婺源县县城和重点镇，建设鄱阳湖生态城市群的璀璨明珠、全国著名文化生态旅游目的地、资源枯竭城市转型示范区。重点打造陶瓷及文化创意产业板块、航空及汽车制造业板块，建设国家航空高技术产业基地及文化生态旅游城市，振兴千年陶瓷，打造"世界瓷都"。

鹰潭依托国家级铜产业基地，重点打造有色金属新材料、绿色水工智慧水务、节能环保等产业，建设绿色世界铜都、中国丹霞地貌及道教文化旅游城市、区域性物流节点城市、国家级循环经济城市。

抚州以向莆线为主轴，以济广高速和抚吉高速为空间廊道，以抚州中心城区临川为核心，联动发展东乡县、金溪县、崇仁县县城和重点镇，建设全国绿色生态城镇群，构建通达东南沿海战略通道，打造产业梯度转移承接区。

2. 加快提升开放合作平台

要做大做强产业承接园、旅游合作、大通关、经贸交流等重大的合作平台，尤其是要创新开放合作模式，推动上饶、赣浙飞地园区、赣浙闽皖跨省旅游协作区、赣东北物流大通道等具体的平台建设，提升对外开放合作的水平。强化开放合作基础设施支撑，加快铁路、能源、水利等基础设施的保障能力建设，尤其是要加快构建赣东北高铁、十字架，着力优化内部交通网络，打通连接长三角和海西经济区的两条出海快速通道。

> 专栏3：
>
> 　　上饶围绕打造江西东部重要增长极的目标：一方面是扩大开放加强区域合作，努力成为长三角经济区、海西经济区和鄱阳湖生态经济区"三区"交流联系的枢纽；一方面是搭建平台承接产业转移，探索建设"飞地园区"，推进沿海产业组团式转移，上饶在加大步子、加快步伐中努力当好扩大开放合作加快发展的"排头兵"。
>
> 　　对于陶瓷这张主牌，景德镇市提出加快陶瓷产业发展，"扶持手工制瓷""振兴日用瓷""发展高技术陶瓷""加快陈设艺术瓷产业化""合理发展建筑和卫生洁具陶瓷"；而打好"航空"这张主牌，景德镇则提出，争取3年内形成年产200架直升机产能，争取3年内航空产业零部件配套能力由目前的20%实现翻番目标；出好"旅游"牌，景德镇亮出"一核三片"，"一核"是老城区核心旅游区，"三片"是瓷韵昌江旅游片区、多彩乐平旅游片区和山水浮梁旅游片区，"一核三片"的有机组合与赣东北旅游资源的彼此融合，旅游圈就自然显现在赣东北的版图之上。
>
> 　　鹰潭市"规划一张图、政策一个调、管理一盘棋"，将利用它独特的地域特征，构建城镇功能互补、空间布局优化、产业配套协作的城乡一体化发展格局，打造区域发展竞争高地；规划目标是"决战工业5000亿"、"建设绿色世界铜都""打造全国最大的水工产业基地""打造华中地区最大的节能照明产业配套集聚区"。

（三）打造赣西产业转移升级示范区

明确了赣西"工业转型升级示范区、新型城镇化先行区、'两型'社会综合改造实验区"的成长定位，把赣西打造成江西经济的重要增加板块。

1. 推进赣西区域合作经济转型

推动袁河流域水资源保护与开发，建设碳排放权买卖平台、赣西科技专家服务网络平台，推动赣西旅游合作同盟、医保异地就诊即时结算、警务合作，推动赣西区域轮回经济试点、赣湘开放合作实验区建设、三市间城市快速干道建设。

推进袁河流域水资源保护与开发、建设碳排放权买卖平台、建设赣西三市科技专家服务网络平台；推动赣西旅游合作同盟、三市医保异地就诊即时结算、三市警务合作；推动赣西区域轮回经济试点、赣湘开放合作实验区建设、赣西三市间城市快速干道建设。

2. 构建十大产业板块的城镇密集带

打造新余为重点的钢铁、光伏、新能源、新材料板块，以宜春为重点的铝电新能源、生物医药、机电制造、绿色食品板块，以萍乡为重点的先进装备制造业、非金属新材料、环保材料板块。

3. 围绕产业升级重点是要抓好推进五大工程

一是推进传统工业的升级工程，主攻钢铁、煤炭、建材、盐化、纺织、花炮六大传统优势产业；二是实施战略新兴产业培育壮大工程，主攻新能源新材料、生物医药、先进装备、制造业四大产业；三是推进高效生态农业发展工程，重点是要建设商品粮、花卉苗木、油茶种植、有机富硒、农业、地方特色农产品、肉禽、休闲农业等特色产业基地；四是加快推进现代服务业提升工程，重点建设湘赣边境重要的物流中心，打造两圈两区旅游精品线，所谓两圈就是绿色精粹旅游圈、红色旅游精品圈、历史文化旅游区、温泉养生旅游区；五是着力实施科技创新工程，要以科技创新"六个一"工程为引领，围绕战略型新兴产业努力突破和掌握核心关键技术，培育具有较强竞争力的创新型领军企业，形成拥有自主知识产权和自主品牌的高端产品。

4. 构建新宜萍的城镇密集带

以沪昆线为主轴，新余、宜春、萍乡中心城市为主体，联动发展分宜、万载、芦溪，加强与上高、宜丰、上栗的交通和产业联系。围绕新型城镇化重点抓好五项工作，一是要优化城镇布局；二是加强规划引导；三是提升中心城市的发展质量，重点是要改造提升好老城区的功能；四是统筹基础设施建设，重点是要抓好交通一体化；五是加强城市建设间的合作，建立新宜萍城镇密集带融合发展协调机制，推进全方位对接。

> 专栏4：
>
> 萍乡：全面对接长株潭城市群，打造全国资源型城市转型的示范区、全省重要的新型工业化城市、以旅游商贸文化为重点的消费型城市、赣湘边际重要的区域中心城市和经贸合作重要平台。
>
> 新余：打造国家光伏产业、金属材料高新技术特色产业和动力与储能电池产业基地，建设国家新能源示范城、全国节能减排财政政策综合示范市、中部地区重要的新型工业城、全省改革创新先行先试示范区。
>
> 宜春：以产业集群和人口集聚为重点，加快做大做强宜春中心城区，建设全省低碳产业示范基地、现代农业示范基地、国家锂电新能源产业基地、中国宜居城市、全国知名养生休闲度假胜地。

（四）京九沿线城镇发展带和沪昆沿线城镇发展带

1. 京九沿线城镇发展带

以京九线上的中心城市为核心，自北向南加快培育和发展九江市、南昌市、吉安市、赣州市等区域中心城市，积极培育共青城市、丰城市、樟树市等重要城市。重点推进昌九城镇群、吉泰城镇群建设，努力打造长江中游城市群的重要板块、旅游观光休闲地和区域性商贸物流中心。鼓励和引导赣州市、吉安市建设全国生态园林城市和国家循环经济示范城市。

昌九城镇群。以昌九城际铁路和昌九大道为主轴，以南昌和九江中心城区为双核，以昌九沿线开发区、县城和重点镇为节点，按照"规划一体化、基础设施一体化、公共服务一体化和产业互补对接"的总方向，建设南昌临空经济区、共青先导区，推进昌九一体化，优化城镇布局，完善城镇体系，形成以点带轴、以轴促面、连绵发展的昌九城镇群，打造长江中游城市群的重要板块、鄱阳湖生态城市群的龙头、全省城镇化发展的示范区。

吉泰城镇群。以赣粤高速和105国道为双轴线，以吉泰走廊为基本依托，以中心城区为核心，以吉水和泰和县城为两翼，以周边乡镇为卫星镇，形成"核心带动、两翼联动、带状发展"城镇格局，加快建设产城融合、城乡一体、充满活力的吉泰走廊城镇密集区，建设生态秀美宜居区、旅游观光休闲地、区域综合交通枢纽和商贸物流中心。

2. 沪昆沿线城镇发展带

以沪昆线上的中心城市为核心，东段积极培育和发展以上饶市、鹰潭市为核心的赣东城镇密集带；西段积极推进以新余市、宜春市、萍乡市为复合中心的赣西城镇密集带。重点推进信江河谷城镇群、新宜萍城镇群建设，努力建设"四化同步"发展试验区和"两型"社会综合改革试验区。鼓励新余、萍乡市建设水生态文明试点城市，宜春市建设全国生态示范城市，上饶市建设全国文化旅游中心城市，鹰潭市建设国家循环经济示范城市和生态文化旅游名城。

信江河谷城镇群。以沪昆线为轴线，以信江河谷水系为廊道，以上饶、鹰潭中心城区为双核，加快相向融合发展。推动上饶中心城区联动发展上饶县、广丰县、玉山县、横峰县、铅山县县城和重点镇，构建"1+5"城镇群；鹰潭中心城区联动发展贵溪市、弋阳县、余江县县城和重点镇，促进互动发展、相向发展和融合发展，构建全省"四化"同步发展试验区，建设向东开放合作高地，打造"东翼"重要增长极。

新宜萍城镇群。以沪昆线为主轴，以新余、宜春、萍乡中心城区为复合中心，推动新余中心城区联动发展分宜县、上高县、新干县、峡江县县城和重点镇，宜春中心城区联动发展万载县县城和重点镇，萍乡中心城区联动发展莲花县、上栗县和芦溪县县城和重点镇，促进相向发展、同城发展和一体发展，加快建设新型城镇化先行区、"西翼"产业转型升级示范区和"两型"社会综合改革试验区。沪昆城镇发展带：以沪昆线上的中心城市为核心，东段积极培育和发展以上饶市、鹰潭市为核心的信江河谷城镇群；西段积极推进以新余市、宜春市、萍乡市为复合中心的新宜萍城镇群。

（五）构建现代交通运输网络加强基础设施建设

铁路方面，加强对外铁路通道建设，密切与周边城市和沿海港口城市的高效连接，形成纵贯南北、连接东西的铁路网络。建设昌（南昌）吉（安）赣（州）铁路客运专线、赣（州）龙（岩）铁路扩能、岳（阳）吉（安）等铁路项目，抓紧开展鹰（潭）瑞（金）梅（州）、赣（州）井（冈山）等铁路项目前期工作，规划研究赣（州）深（圳）铁路客运专线、赣（州）韶（关）铁路复线、吉（安）建（宁）铁路等项目[①]。

专栏5：

新建项目：昌（南昌）吉（安）赣（州）、合（肥）福（州）、赣（州）龙（岩）铁路扩能改造、岳（阳）吉（安）铁路、新（余）宜（春）萍（乡）轻轨、樟树盐化铁路延伸线、漳州港尾铁路。

研究建设：鹰（潭）瑞（金）梅（州）、赣（州）井（冈山）、吉（安）建（宁）、赣（州）郴（州）、铁路，赣（州）深（圳）客运专线，赣（州）韶（关）铁路复线，分（宜）文（竹）铁路改造。

公路方面，推进国家高速公路拥挤路段扩容改造，加强国省道改造扩建，提高重大通道通行能力。积极推进通县二级公路建设和

---

① 《赣闽粤原中央苏区振兴发展规划》，《赣南日报》，2014年3月29日。

红色旅游景区公路建设。加快国家公路运输枢纽建设，提高运输集散能力。

> 专栏6：
>
> 大广高速赣州、吉安繁忙路段扩容，厦蓉高速漳州天宝至龙岩蛟洋段扩容，新建济广高速平远至兴宁段及南昌至韶关等国家高速公路。G105、G205等国道和重要省道改造。

水运方面，加快赣江、信江、梅江等重要航道建设，建设一批客货运码头；改善抚河通航条件；完善赣州港功能。

> 专栏7：
>
> 航道：建设赣州—吉安—峡江三级航道、新干航电枢纽。实施信江、樟树赣江综合治理，袁河航道治理，闽江水口电站枢纽坝下水位治理，沙溪口坝下航道整治，重阳溪生态航道建设，韩江、梅江、石窟河航道整治工程。
>
> 港口：建设赣江、梅江、韩江沿线客货运码头，赣州陡水湖码头。

航空方面，积极推进赣州黄金机场、吉安井冈山机场扩建，加快上饶新机场建设。抚州、鹰潭机场新建前期工作，研究建设瑞金等通勤机场和一批通用机场。

二 限制开发区域的重大项目

（一）江西农业优势产业带和特色产业带建设

大力提升农业特色优势产业，是增强农业综合生产能力、加快推进农业现代化的战略重点。以吉泰盆地、赣抚平原等商品粮基地和产粮大县为重点，加快实施粮食生产重大工程，建设杂交水稻研究中心和一批种子繁育基地，不断提高粮食综合生产能力。做强脐橙、蜜橘、甜（蜜）柚等柑橘产业，加快建设国家脐橙工程技术研究中心，推进标准化有机果园建设，加大柑橘危险性病虫害防控力度，着力打造优质脐橙产业基地和柑橘产业基地。着力发展茶产业，大力提升茶叶品质，建设全国重要的茶产业基地。实施油茶低产林改造，推进高产示范区建设，打造全国重要的油茶深加工基地。积极发展白莲、食用菌、蔬菜、畜禽、水产品、中药材、花卉苗木等特色农产品，积极推动毛竹、油茶示范基地建设。积极发展休闲农业、设施农业，支持研发、推广适宜丘陵山区的中小型农机具，加快培育农业产业化龙头企业、农民合作社和家庭农场。加快海峡两岸农业合作试验区、台湾农民创业园建设。推进农产品出口加工基地建设，扩大特色优势农产品出口。加强农产品注册商标和地理标志保护。支持建设国家现代农业示范区。

专栏8：

油茶：实施油茶低产林改造和高产林示范工程，重点建设赣南—赣西、粤东北、闽西—闽北集中产区。

茶叶：实施有机茶园建设和传统茶园改造工程，提升福建乌龙茶和红茶、江西绿茶和白茶品牌影响力，配套建设江西绿茶专业批发综合市场和武夷山、安溪、尤溪茶叶专业批发市场。

中草药：培育推广杜仲、葛根、红豆杉、金线莲、铁皮石斛、草珊瑚、黄精、仙草等特色药材，实施示范药场建设、中药材研发和精深加工工程。

畜禽水产品：实施规模化标准养殖、良种繁育体系和水产品健康养殖示范基地建设工程，规划布局一批畜禽规模化养殖重点区，支持国家级水产种质资源保护区建设。

果蔬及花卉：加快建设标准化设施蔬菜、优质白莲、特色林木、林下蔬菜（菌类）、花卉苗木种植基地，培育龙头企业和交易市场。

（二）建设一批高水平现代农业示范区和国家有机食品生产基地

完善现代农业功能区规划，积极发展都市农业、休闲农业、外向型农业和生态循环农业。按照发展水平先进、区域优势明显和产业特色突出、转变发展方式走在前列、规模范围科学合理的要求，继续做好国家级现代农业示范区申报以及省级现代农业示范区的认定工作。江西省政府出台的《关于推进现代农业示范园区建设的意见》，提出到2018年在全省建成100个左右覆盖不同产业类型、不同地域特色、不同发展层次的现代农业示范园区，形成以国家级现代农业示范区为引领、省级园区为支撑、市县园区为依托的全省现代农业发展格局。

根据全产业链规划和建设的要求，提出突出"特色、规模、品牌、效益、生态"五个环节，按照产业类别和规模，将园区分为种植类园区、养殖类园区和综合型园区，每个园区根据功能划分为核心区、示范区和辐射区，其中核心区规划占地面积不少于2000亩，示范区面积不少于4万亩，辐射区面积不少于40万亩。鼓励有条件的地方实施"三区"（农民新社区、二三产业园区、现代农业示范园区）联动，形成三次产业协调发展格局。加快水、电、路、通信、环保等基础设施建设，推广应用智能温室、钢架大棚、喷滴灌、畜禽标准化圈舍以及渔业规格池箱等配套装备设施。建立标准体系，提高生产、加工、流通各环节标准化管理水平。

江西还应着力在"引领、示范、带动"上下功夫。建设和改造一批示范基地，重点支持水稻、生猪、蔬菜、水产等产业发展；培育和扶持一批示范企业，重点扶持农产品精深加工、保鲜、贮藏、运输业；建设和改善一批示范市场，重点建设批发市场冷链系统、质量追溯、环保节能、信息系统等设施；建立和完善一批示范服务组织，支持企业、合作社和各类市场主体投资建设跨区域、综合性服务组织[①]。

---

① 江西省人民政府：《关于推进现代农业示范园区建设的意见》，赣府发［2013］31号，2013年11月20日。

专栏9：

吉安县现代农业示范园建设项目：新建占地面积1000亩的吉安县现代农业培训服务中心、新兴产业示范区和良种繁育区等现代农业示范园建设项目。

安义县现代农业示范园建设：以优势的水稻、油菜和蔬菜产业为重点，通过5年的建设，在农业科技成果转化应用、产业布局结构优化和生产经营管理创新等方面取得突破，土地产出率、资源利用率、劳动生产率和农民收入大幅提高，农业发展的质量和效益显著提升。

——蔬菜：种植面积达到6.5万亩，播种面积20万亩，总产量达到20万吨，年均递增21.68%。良种覆盖率保持在100%，良种更新率达50%，种子商品化供种水平达到95%以上，技术覆盖率达100%；培育100亩以上的种菜大户230户，面积7万亩；蔬菜商品率达到90%以上；新培育蔬菜脱水加工龙头企业1家，年加工能力10万吨，蔬菜农民专业合作社（协会）50家。通过示范区建设，建成设施蔬菜生产基地、出口加工蔬菜生产基地、露地鲜销蔬菜生产基地、食用菌生产基地、蔬菜休闲观光旅游基地等五大蔬菜基地。

——水稻：播种面积达47万亩，其中：超级稻面积10万亩，主推荣优9号、五优308等品种，双季亩产1000公斤；优质稻面积20万亩，主推黄华占、923等品种，亩产500公斤；加工稻面积9万亩，主推糯稻品种，亩产500公斤。水稻总产量达到4.23亿斤，年均递增8.2%。水稻良种覆盖率保持在100%，实现良种每年更换率40%，种子商品化供种水平达到93%以上，技术覆盖率达100%；培育100亩以上的种粮大户260户，面积8万亩。新培育粮食加工龙头企业2家，年加工能力8万吨，水稻农民专业合作社（协会）200家。

——油菜：播种面积达20万亩，品种湘杂油系列和赣油杂系列，亩产160公斤。油菜产量达到3.2万吨，增长6.6%。良种覆盖率保持在100%，实现良种每年更换率50%，种子商品化供种水平达到90%以上，技术覆盖率达100%；培育100亩以上的种油大户200户，面积6万亩；新培育油脂加工龙头企业1家，年加工能力1.5万吨，油菜农民专业合作社（协会）50家。

——赣县国家现代农业示范区建设：赣县16个乡镇全部纳入现代农业示范区的规划范围，把示范区划分为"一区三园"：

——赣县清溪示范园：该园以脐橙为主导产业，加大力度推进脐橙产业的发展，建成脐橙种植、技术服务、物流、营销等配套产业链，同时依托世界著名甜叶菊加工企业谱赛科、菊隆高科等，促进甜叶菊特色产业发展，构建以现代农业高科技生产的品牌企业为龙头的产业群；依托园区良好的生态环境和特色农业基础，稳定田村、白鹭、南塘等乡镇粮食种植面积，大力发展休闲观光农业，同时并行发展蔬菜、花卉苗木、油茶、果业、速生丰产林等其他种植产业。

——赣县大湖江示范园：该园以蔬菜、粮食等为主导产业，以大湖江湿地公园的生态保护为依托，结合水资源优势、区位优势，以五云镇农业部评定的无公害蔬菜基地为坐标，大力发展蔬菜产业，使该园成为赣州市及闽粤港澳的无公害蔬菜生产基地和供应基地，以良好的粮食生产为基础，大力推进粮食产业的发展，稳定沙地等乡镇的粮食种植面积，同时根据该园的农业生产传统优势和地理环境优势，着力发展生猪生产和加工以及休闲观光农业。

——赣县桃江示范园：该园以粮食（水稻）、脐橙产业为主导产业，加大力度促进粮食的稳产高产，进一步扩大脐橙种植面积，大力延伸粮食产业、脐橙产业的产业链，同时依据地理优势、自然资源优势、产业优势、交通优势等条件，推动甜叶菊、生猪等特色产业发展。

专栏 10：

南昌县国家级现代农业示范区。总体布局为"一带两园三区"：即建设环南昌绿色蔬菜产业带，完善蒋巷和黄马现代农业示范园，开发优质水稻主产区、生猪标准化规模养殖重点区和水产健康养殖集中区[①]。

"一带"：环南昌绿色蔬菜产业带，重点包括三江、黄马、冈上、富山、向塘、塔城、武阳、八一、幽兰、塘南、蒋巷、南新等乡镇，功能定位为：立足南昌市场，以标准园创建为抓手，加强"菜园子"生产基地建设，增强蔬菜产品供给能力。

"两园"：蒋巷核心示范园和黄马核心示范园，功能定位为：蒋巷核心示范园以资源高效利用、延长产业链条为重点，努力打造成为农业产业化龙头企业孵化器和循环农业示范基地；黄马核心示范园大力发展蔬菜等园艺产业，努力打造成为南昌市蔬菜生产供应和种苗繁育基地、有机茶种植与加工示范基地、农业科技示范基地和农业科技创新平台，引领区域现代农业发展。

"三区"：优质水稻主产区、生猪标准化规模养殖重点区和水产健康养殖集中区。

——优质水稻主产区：主要包括塘南、泾口、幽兰、南新、蒋巷、向塘、冈上、广福、黄马等乡镇，功能定位为：以落实全国新增千亿斤粮食生产能力规划为契机，稳定面积、强化设施、提升科技、主攻单产，进一步巩固国家粮食生产大县地位。

——生猪标准化规模养殖重点区：主要包括冈上、向塘、黄马、幽兰、三江、蒋巷、塘南等乡镇宜养区，功能定位为：以提高标准化养殖水平为重点，加强环境保护力度，进一步转变传统养殖方式，进一步巩固全国生猪调出大县地位。

---

① 万珍：《做好江西农业现代化的引领者和探路人》，《江西农业》，2015 年 1 月 25 日。

>   ——水产健康养殖集中区：主要包括南新、蒋巷、塘南、泾口、幽兰、塔城等乡镇的大面积水域，功能定位为：以水产标准化健康养殖为着力点，突破良种繁育、技术服务等薄弱环节，提高效益，进一步巩固全国渔业生产先进县地位。
>
>   高安：通过整合资金、集成技术、品种示范推广等措施，加快推进杨圩现代农业示范区，建山、田南、鸡公岭富硒农业示范区，上湖无公害蔬菜示范区和大城休闲农业示范区四大示范区建设。围绕示范区建设，该市着力培育特色农业板块，今年已新创建水稻高产示范片 8 个，棉花高产示范片 1 个。利用富硒土壤引进近 20 家企业投资，开发的富硒农产品涉及水稻、红薯、瓜果及禽蛋等 10 多个品种。

（三）建设粮食生产核心区和主要农产品优势区等重大建设项目

建设粮食生产核心区，是维护国家粮食安全、贯彻落实中央"三农"政策的重要举措，要积极抢抓中央加大"三农"投入的机遇，加强农业基础设施建设，实施中低产田改造、良田建设、土地综合整治、新增千亿斤粮食工程等农业重点工程，进一步改善农业生产条件，农业综合生产能力不断提高。

大力推进高标准农田建设。整合发改、财政、农业、国土、水利、农业综合开发等相关部门农田水利基础设施建设资金，主要包括国家千亿斤粮食增产工程、种粮大户粮田建设工程、现代农业生产发展资金标准粮田项目、小型农田水利重点县项目、国土整治项目、造地增粮富民项目、农业综合开发项目等资金，集中支持粮食主产区以"田地平整肥沃、灌排设施配套、田间道路畅通、科技先进适用、优质高产高效"为内容的高标准农田建设，着力打造我省粮食生产核心区，稳步提高农业综合生产能力。到 2020 年全省建设高标准农田1800万亩，使全省高标准农田超过2000万亩①。

加快发展设施农业。立足于提高农业效益，提升资金、技术、劳动力等生产要素的集约化水平，以建设标准化设施大棚、畜禽标准化规模养殖场、健康养殖池塘等为重点，加快发展设施农业，提高土地产出能力和农业防灾减灾能力。着力发展春提前、秋延后大中棚蔬菜，到2020年达到150万亩。推广柑橘冬季覆膜延后采收技术，推广葡萄避雨栽培技术，推广大棚一茬多熟西瓜、草莓栽培技术。加强规模化畜禽养殖场饲养、环境控制、粪污治理等基础设施建设，加快新技术、新工艺、新设备的推广应用，提高畜牧业装备水平。大力推广池塘养殖水体净化系统，建立生态工程化池塘循环水养殖模式，引进精准自动投喂和水质在线监测系统。

专栏11：

新增优质稻谷生产能力工程。实施标准农田建设、沃土、良种推广、高产创建示范、防灾减灾，农业保障服务等工程，提高粮食生产能力，新增32亿斤优质稻谷。重点建设标准农田1200万亩；良种基地25个，推广高产稳产优质品种面积2800万亩，建万亩高产创建示范片520个，推进南昌水稻工程实验室建设，在南昌县、新建县、进贤县等重点推进粮食产量提升工程。

新增百万吨优质食用油生产能力工程。积极推进以九江、南昌等为主的优质油菜优势产区建设，提高油菜产量，南昌市重点实施油料产量提升工程、粮油精深工程；推进以进贤、高安、樟树、新建、丰城等县（市）为主的花生优势产区建设，提高花生产出能力。加强优良品种示范区和良种繁育体系建设、优质油料基地建设、测土配方施肥、推广绿色植保、油菜产业化经营示范建设。到2015年，建设标准油菜生产基地500万亩、良种繁育基

---

① 江西省人民政府：《关于整合资金建设高标准农田的指导意见》，《江西省人民政府公报》，2011年8月8日。

地6个、高产创建示范片100个，万亩示范区良种覆盖率100%。

百万亩优质蔬菜基地建设工程。实施优质高产无公害标准化蔬菜基地建设项目，提高蔬菜无公害标准化生产技术水平，提升全区蔬菜档次和发展水平；实施蔬菜集约化育苗场建设项目，推进乐平市、高安市、南昌县等现代集约化蔬菜育苗场建设和新建县生米镇藠头地理标志型基地建设；加快蔬菜采后处理及加工能力建设，建设乐平市、高安市、九江县、余江县等一批现代蔬菜加工厂。

鄱阳湖流域生态果茶基地建设工程。重点实施有机生态茶园建设工程，完善良种繁育体系、采后处理加工能力建设和茶叶市场体系建设工程，省级大型绿茶专业批发综合市场，南昌地区重点建设有机茶地理标志型基地。到2015年，新建和改造有机生态茶园100万亩，新建和改造生态橘园500万亩，建设国家级良种繁场5个。苗木花卉基地建设，以南昌为中心，建设苗木花卉区域辐射型基地，重点推进南昌花卉苗木大世界项目。

食用菌生产加工基地建设。以进贤、新干、抚州、贵溪为重点，巩固食用菌优势产区；以九江县食用菌生物技术研发中心为主，建设食用菌菌种良繁中心、食用菌栽培技术研究示范中心、食用菌新产品加工技术中心、菌渣利用生物技术中心等，到2015年，建设食用菌生产基地800万平方米。

畜禽养殖场标准化改造及大中型沼气工程。加强栏舍改造和沼气、沉淀池等粪污无害化处理系统改造完善，建设400个畜禽标准化养殖场（小区），建设900处规模养殖场大中型沼气工程，推广干湿分离、固液分离等技术，综合利用沼气和沼肥。区域内综合利用沼气和沼肥水平提高，畜禽养殖粪污治理率达到95%以上。积极推进南昌种猪遗传改良国家重点实验室和南昌县、新建县、进贤县生猪主产区建设。

（四）实施一批森林质量提升、重点生态公益林保护与功能提升工程

到 2020 年，江西用 6 年时间实施"森林质量提升活动"，通过强化森林科学经营，力争到 2020 年，全省森林覆盖率稳定在 64% 以上，森林蓄积量达到 6 亿立方米，林分亩均蓄积量达 4 立方米，林业总产值突破 4000 亿元，农民林业纯收入年均增长率达到 12%。每年完成不低于 200 万亩植树造林任务；开展低产低效林改造，提高林分质量，增加林地产出；按照宜补则补、宜改则改、宜造则造模式，因地制宜开展乡村风景林建设；通过调整树种结构和林分密度，加强中幼林抚育；对生态区位重要和生态环境脆弱地区实行封山育林，促进森林生态系统自然修复；加大林木良种繁育与推广，增强良种壮苗的有效供给；树立生态红线意识，加强森林资源保护，确保到 2020 年林地保有量稳定在 1.61 亿亩，森林保有量稳定在 1.48 亿亩。同时，大力发展林下经济，做大做强以高产油茶、毛竹、苗木花卉、森林旅游为主的绿色富民产业，提高林地产出率，增加农民收入。

加快自然保护区、森林公园、湿地公园建设，力争到 2020 年，全省林业自然保护区面积占比达到 8%、省级以上森林公园达到 200 处、省级以上湿地公园达到 100 处，确保优质森林资源得到更好保护。加快生物防火林带建设，提高森林火灾防控水平和应急能力，确保森林火灾受害率控制在 0.5‰以下。

到 2020 年，年均新造高产油茶林及改造现有油茶林不少于 30 万亩，实现油茶产业年综合产值 500 亿元；建成丰产竹林基地 600 万亩，竹产业年综合产值达到 600 亿元；实现苗木花卉种植面积 200 万亩，产业综合产值 1000 亿元；力争森林旅游年接待总人数达 5000 万人次，实现森林旅游年综合总收入达 600 亿元。

专栏12：

水源涵养林建设工程。重点推进武宁县柘林水库周边水源涵养林区生态公益林、贵溪市水源涵养林、渝水区和仙女湖水源涵养林建设。

天然林保护工程。重点推进浮梁县天然林保护工程、新干县造林绿化工程、余江县造林绿化工程和保护工程建设。

湿地自然保护区建设工程。重点建设安义县峤岭省级自然保护区、龙印谷森林湿地公园，推进九江县赛城湖自然保护区湿地、东乡县润溪湿地、武宁县庐山西海湿地、贵溪市柏里区湿地和丰城市药湖国家湿地保护建设工程。

森林自然保护区建设工程。重点建设湾里区梅岭自然保护区、进贤县江西青岚湖省级自然保护区、武宁县九岭山国家森林自然保护区、伊山自然保护区、彭泽县国家级桃红岭梅花鹿自然保护区、浮梁县瑶里自然保护区、黄字号黑麂自然保护区、乐平共库自然保护区、临川区茅排自然保护区、东乡县森林保护区、推进武宁县庐山西海河岸防护工程、贵溪市阳际峰自然保护区建设项目、贵溪市马头山自然保护区、万年县神农源自然保护区、丰城市九岭上自然保护区、丰城市竹山自然保护区、高安市枫窝里自然保护区，樟树市阁皂山森林自然保护区、渝水区蒙山、渝水区仰天岗和百丈峰自然保护区建设。

饮用水水源地保护工程。重点推进对余江县洪五湖生态湿地自然保护区、上顿渡集中式饮用水水源保护区工程、万年县大港桥水库饮用水源保护及水源涵养区、万年县余源水库饮用水源保护区、万年县群英水库饮用水源保护与水源涵养区等重要生态功能保护区的保护。

生态公益建设工程。加强新干县国家重点公益林工程、长江流域防护林体系建设工程、渝水区平原农业防护林建设工程建设，巩固南昌县、安义县、进贤县生态公益林保护工程的建设，万年

> 县沿湖防护林体系建设和生态公益林保护工程建设,临川区生态公益林建设工程、贵溪市国家省级生态公益林建设项目,加强丰城市、高安市、樟树市流域和库区生态公益林建设工程,彭泽县、九江县沿江防护林、平原防护林建设工程,乐平市乐安河沿河两岸生态修复和生态功能保护林建设。

三 禁止开发区域的重大项目

(一)规划实施鄱阳湖流域水土流失治理和地质灾害防治工程

进一步深入调查规划区域内经济社会现状与鄱阳湖流域治理状况,依据生态经济区生态经济发展总体目标与要求,统筹协调水资源与自然生态环境经济社会建设关系;加强鄱阳湖流域水环境监测能力建设、水源地保护建设、水土保持工程及监测网络建设、采砂执法基地建设、强化采砂管理,实施水功能区划管理,实行水域纳污问题控制;研究制定区域水资源保护与利用、水土保持、林业生态工程建设、河道整治、灾害性天气预警预报、人工影响天气等的规划方案与措施。

> 专栏 13:
> 长江暨鄱阳湖流域水资源保护工程。为保护鄱阳湖源头的生态环境,在"五河"源头的瑞金、石城、大余、崇义、广昌、玉山、婺源、浮梁、修水、铜鼓 10 个县(市)及濒临长江的瑞昌、湖口和彭泽 3 个县(市)实施长江暨鄱阳湖源头生态保护工程。这项工程涉及县级以上自然保护区 44 个,省级以上森林公园 23 个,省级以上风景名胜区 7 个,县级以上集中式饮用水水源地 15 个,天然林、生态林和长防林 3319.4 万亩。针对这些区域,在原有基础上续建自然保护区、森林公园和风景名胜区,实施生态公益林、长江防护林建设及保护水源地等项目。规划到 2020 年五河流域共治理水土流失面积 70.05 万 hm^2。其中:赣江流域治理水土

流失面积42.59万hm^2，信江流域治理水土流失面积9.54万hm^2，抚河流域治理水土流失面积10.34万hm^2，修河流域治理水土流失面积6.61万hm^2，饶河流域治理水土流失面积0.96万hm^2。

规划到2020年，五河流域水土保持生态修复治理面积为3319 km^2。其中：赣江流域生态修复面积1953 km^2，抚河流域生态修复面积504 km^2，修河流域生态修复面积389 km^2，信江流域生态修复面积367 km^2，饶河流域生态修复面积105 km^2。

五河流域累计治理崩岗11395处，占崩岗总数量的26.0%；完成崩岗治理面积4638 hm^2，占崩岗总面积的26.0%。其中：赣江流域治理崩岗9094处，完成崩岗治理面积3662 hm^2；修河流域治理崩岗1557处，完成崩岗治理面积573 hm^2；抚河流域治理崩岗339处，完成崩岗治理面积197 hm^2；饶河流域治理崩岗280处，完成崩岗治理面积87.0 hm^2；信江流域治理崩岗125处，完成崩岗治理面积118 hm^2。

（二）鄱阳湖湿地生态修复与保护工程

鄱阳湖湿地生态修主要是实施栖息地的恢复、湿地植被的恢复、采伐迹地和弃堰湿地的恢复以及富营养化湖泊的生态恢复工程等。

1. 候鸟与河麂栖息地恢复项目

对由于过度开发、水文状况变化等原因导致生物多样性受损的湿地，要开展有针对性的生物栖息地恢复工程，恢复湿地的自然特性和生态功能。主要包括引水设施，水位和水文周期调节、湿地植被重建和保护小区建设等，其中，水文条件是栖息地恢复的关键。在吴城和南矶山附近草地动物河麂栖息地恢复2万公顷，在湿地与越冬候鸟保护重点区域恢复自然生态环境10万公顷。

2. 鱼类资源恢复项目

鱼类资源的恢复就是要保障鱼类资源具有较高和可持续的自然生产力。在实施定期禁渔并强化渔政管理的同时，一是要在现有的鲤、鲫鱼产卵场和育肥场实施沉水植物保护工程，建立沉水植物保护区，促进鲤、鲫、鲇等草上产卵鱼类自然增殖，在沉水植物保护区内，禁止网围、网栏养殖和捞取水草；二是要保护凶猛鱼类，促进低值杂鱼的高值转化；三是要扩大人工放流增殖规模，人工繁殖放流以"四大家鱼"为主的半洄游性鱼类；四是在鲤、鲫鱼产卵场和育肥场建设人工鱼巢，增加产黏性卵鱼类的自然增殖效率。在松门山湖区鲥鱼等洄游性鱼类产卵场保护5万公顷。进一步调查鲌类、红鳍原鲌、黄颡鱼、鲇、鳜和乌鳢等重要名贵鱼类的产卵场分布、产卵高峰期和产卵持续时间等基本情况，以便加强其繁殖保护和增殖，恢复资源。

3. 湿地植被恢复项目

湿地植物的恢复要因湿地植被类型、退化原因和程度等而采取不同的工程措施，改善水文状况也是恢复湿地植被的关键，水文状况包括土壤水分、积水深度、淹没时间和周期等。在鄱阳湖，主要在退田还湖区和沙滩实施植被恢复工程。

湿地植被恢复工程以自然修复为主，人工建设为辅。对于自然湿地破坏较轻，尚存有原草洲残留的湿地植被——苔草群落或芦苇—荻群落，可采取自然恢复为主，自然恢复区内严禁放牧，恢复开发前水文变化规律，必要时通过围拦等方式进行封育，使草地休养生息，植被按自身演替规律正常恢复到接近于原初自然状态。

对于自然湿地植被破坏殆尽，根本无法自然恢复的地区，则实施人工移植或人工种植方式重建湿地植被。如果待恢复湿地位于海拔14～16m，又无能力自然恢复，可就近选择以苔草为优势的湿生植被有计划地挖取（带根茎）活植株，移栽到待恢复湿地，可条状栽种，留出一定空间待苔草根茎延伸扩大植被面积，经过几年逐步实现湿地植被全面覆盖，完成湿地植被与生物栖息地恢复重建目的。

> 专栏 14：
>
> 　　到 2020 年在鄱阳湖退田还湖区域（圩区）和沙滩恢复湿地植被 30000hm²，包括：都昌县新妙湖 5000hm²；南昌县三湖、金溪湖 5000hm²；星子县寺下湖 4000hm²；余干县南疆湖 3000hm²；鄱阳县汊池湖 3000hm²；永修县赣江—大汊湖间 2500hm²；瑞昌市赤湖自然保护区 2500hm²；九江县赛城湖自然保护区 2000hm²；共青城自然保护区南湖 1500hm²；庐山区鞋山湖 1500hm²。沙滩植被恢复主要在星子、都昌、永修等沙滩地实施。鼓励种植蔓荆子等旱生植物改良沙化湿地。

（三）局部湖区富营养化防治与生态恢复项目

对已有芦苇自然生长的湖岸区，根据芦苇的需水规律采用灌排措施，提高其产量和生长密度；而对没有芦苇生长的湖岸区，可通过芦苇地上茎繁殖（深水压青、浅水压青、湿润压青、插条）和根状茎繁殖（栽根状茎、栽苇墩）等措施建设人工苇田，可一年移植，二年成塘，连年受益。

> 专栏 15：
>
> 　　鄱阳湖国家级或省级自然保护区建设工程。继续建设鄱阳湖国家级自然保护区（国际重要湿地，主要保护候鸟及湿地生态系统）、庐山省级自然保护区、鄱阳湖南矶山湿地国家级自然保护区（主要保护河口湿地生态系统及候鸟）、都昌县南岸洲国家湿地公园，力争将江西青岚湖省级自然保护区、都昌候鸟省级自然保护区等打造成国家级自然保护区，并以鄱阳和余干候鸟及栖息地为保护重点，加大湿地生态系统保护和修复力度，重点支持鄱阳县白沙洲和余干县康山湖两个省级候鸟自然保护区建设。
>
> 　　省级自然保护区标准化工程。规划区内已建成的省级自然保护区要健全管理机构、完善管护设施，逐步建成管理有序、监督有力的自然保护区管理体系。整合区内湿地及候鸟保护区，对重

点区域开展湿地恢复。完善现有的18个监测站和54个监测点，新建30个监测站和100个监测点。

珍稀濒危植物种质资源库能力建设工程。开展资源调查研究，开展珍稀资源的保护、培育，配置防灾害、防盗采、救援系统，建设珍稀濒危植物种质资源库。

森林、湿地和鸟类保护类型的自然湿地公园建设工程。推进75万亩鄱阳湖湿地生物多样性保护及栖息地恢复示范工程；实施湿地生态恢复工程150万亩；提升湿地保护区建设水平，晋升国家级自然保护区8个，新建市、县级自然保护区23个，湿地自然保护区面积达到750万亩；建设和开发利用省级以上湿地公园并使之数量达到100个，其中国家级40个、省级60个，全省湿地公园总面积达到300万亩。

县级自然保护区建设工程。推进湖口县屏峰自然保护区、进贤县大公岭自然保护区、香炉峰自然保护区、共青城市南湖自然保护区、永修县荷溪湿地自然保护区、鄱阳县白沙洲候鸟自然保护区建设。力争使都昌县南山森林公园升级为省级森林公园、新建一个湿地公园。

（四）赣东北生态屏障建设工程

构建赣东北—赣东山地森林生态屏障，重点加强水土保持和生物多样性保护功能。构筑以黄山余脉、怀玉山脉、武夷山脉及信江、饶河（昌江、乐安河）为主体的"三山二水"生态屏障。加强自然保护区、森林公园、湿地公园等生态功能区的保护与建设，逐步加大生态公益林和江河源头自然保护区生态补偿力度。积极推动浮梁、婺源纳入国家重点生态功能区。大力实施"森林城乡、绿色通道"工程，因地制宜建设木材战略储备基地。重点保护好以水源涵养林为主的生态公益林，加快矿区生态系统恢复；积极培育大径级用材林和毛竹林，大力发展森林旅游业和油茶、茶叶、雷竹等非木质资源产业；以绿色生态游为载体，加强三清山、龙虎山、龟峰世界遗产地和武夷山自然保护区的保护利用,结合陶瓷文化、道教文化、古树文化等,推进生态文化建设①。

(五)赣南原中央苏区扶贫综合改革实验示范区建设工程

以建设全国革命老区扶贫攻坚示范区为抓手,着力推进精准扶贫,加快困难群众脱贫致富;下更大力气增强振兴发展"造血"机能,发展特色优势产业、战略性新兴产业,着力推进改革创新,不断激发振兴发展内生动力。实施教育扶贫工程,开展以职业教育实现就业脱贫试点,每年选送一批贫困山区学生接受免费职业教育。加大以工代赈、易地扶贫搬迁、整村推进等工程投入力度,加快改善贫困农村生产生活条件。加大行业扶贫力度,启动返贫救助计划,对因灾、因病返贫的困难群众给予救助。实施扶贫小额贷款,积极发展贫困村互助资金组织,开展农村贫困户劳动力就业技能培训。创新支农资金管理体制机制,整合各类扶贫资金,引导民间组织和企业参与扶贫开发。

专栏 16:

农村危房改造工程。对居住在危房中的农村分散供养五保户、低保户、贫困残疾人家庭、其他贫困户和因洪灾倒塌房屋的农户实施农村危房改造工程,每户改造面积 80 平方米,国家补助 7500 元,省内配套补助 5000 元。以行政村为单元,采取分批实施的办法,综合治理山水田林路,改善特困村农村生产生活设施,扶贫开发工作重点村"整村推进",平均每个村在扶持期内至少安排财政扶贫资金 50 万元,同时,安排一个定点扶贫单位。

科技扶贫工程。全力实施"十百千万"工程,逐步夯实科技扶贫载体,推动革命老区及贫困地区人口提高科技素质和脱贫增

---

① 江西省人民政府:《关于支持赣东北扩大开放合作加快发展的若干意见》,《江西省人民政府》,2013 年 7 月 23 日。

收，基本形成县域特色产业示范点及科技扶贫项目企业龙头效应。做到项目布局上优先安排，资金投入上倾斜支持，努力培育打造50个重点生态扶贫产业龙头企业，辐射带动革命老区及贫困地区群众加快增收致富步伐。

移民扶贫搬迁工程。继续对革命老区和贫困地区居住在缺乏基本生产生存条件的深山区、石山区和地质灾害区的特困群众实施移民扶贫搬迁工程。

第八章　江西"十三五"区域发展总体战略与主体功能区战略同步实施的途径与政策规划

一　重点开发区发展途径与政策规划

(一) 沿长江城市群与新型城镇建设途径与支持政策

1. 创新建设途径，实现跨越发展

第一，加快沿长江城市群与新型城镇建设步伐。

一是加快沿长江城市群建设。抓住国家推进长江城市群和新型城镇化建设的重大机遇，结合江西国家生态文明先行示范区建设契机，加快沿长江城市群建设步伐。培育壮大环鄱阳湖城市群，促进南昌、九江一体化和赣西城镇带发展。以昌九城际铁路和昌九大道为主轴，以南昌和九江中心城区为双核，以昌九沿线开发区、县城和重点镇为节点，按照"规划一体化、基础设施一体化、公共服务一体化和产业互补对接"的总方向，建设南昌临空经济区、共青先导区，推进昌九一体化，优化城镇布局，完善城镇体系，形成以点带轴、以轴促面、连绵发展的沿长江城市群建设，打造长江中游城市群的重要板块、江西省生态文明示范区建设的龙头、全省城镇化发展的示范区。

二是推进新型城镇化建设。以鄱阳湖生态经济区为依托，以沿沪昆线和京九线为主轴，聚集优势产业，提高规模效应，着力培育和发展以南昌市为核心的南昌都市区，加快发展九江都市区、赣州都市区，构筑"一群两带三区四组团"为主骨架的省域城镇体系。加快推进沿沪昆线、京九线的两条城镇发展带建设。以沪昆线上的中心城市为核心，东段积极培育和发展以上饶市、鹰潭市为核心的信江河谷城镇群；西段积极推进以新余市、宜春市、萍乡市为复合中心的新宜萍城镇群。

三是促进绿色城市建设。将生态文明理念全面融入城市发展，节约集约利用土地、水和能源等资源，构建绿色生产生活方式和消费模式，加快绿色城市建设。创建循环型生产方式，实现废物交换利用、土地集约利用、能量梯级利用、废水循环利用和污染物集中处理。严控高耗能、高污染、高排放行业发展，淘汰落后产能。实施工业园区污水处理设施建设工程和城镇生活污水处理设施二期工程，完善污水收集管网。实施绿色建筑行动计划，建立完善的绿色建筑评价体系、技术标准体系，扩大强制执行范围，加快既有建筑节能改造，大力发展绿色建材，强力推进建筑工业化。建立健全垃圾分类回收制度，完善回收网络体系。加快重点行业节水技术改造，推进中水回用设施建设。倡导绿色出行，加快淘汰黄标车，发展新能源汽车。实施水系连通工程，加强河湖水环境治理保护，依托自然山体、湖泊水系、交通干线、绿化走廊等建设生态廊道。鼓励消费者购买使用节能节水产品，减少使用一次性用品，抵制过度包装，推进政府绿色采购，逐步提高节能节水产品和再生利用产品比重，倡导绿色消费模式。推进污染企业治理和环保搬迁，支持资源枯竭城市发展接续替代产业。

四是推动智慧城市建设。统筹城市发展的智力、信息和物质资源，推动新一代信息技术与城市经济社会发展深度融合，全面提高城市的智能化水平。推进"数字江西""智慧江西""无线城市"和"光网城市"等重大工程建设，形成超高速、大容量、高智能传输网络。建设光纤宽带网络，推进宽带信息网"最后一公里"和宽带互联网建设，加快有线广播电视网络数字化整体转换和双向改造，加强移动互联网无线接入建设，提高 WiFi 覆盖率。统一建设全省电子政务数据中心，打造全省电子政务共享平台和第三方平台及服务系统。推动智能水利、智能交通、绿色农业、环境保护、生态旅游、智慧医疗、公共安全等领域实施物联网，促进跨部门、跨行业、跨地区的政务信息共享和业务协同，强化信息资源社会化开发利用，推广智慧化信息应用和新型信息服务，促进城市规划管理信息化、基础设施智能化、公共服务便捷化、产业发展现代化、社会治理精细化。加强重要通信和重要信息系统安全防护，完善通信信息网络定级、测评、安全防护等信息安全等级保护措施，提升信息安全保障能力。

五是重视人文城市建设。以培育具有时代特征、江西特色的人文精神为核心，以提高思想道德素质和科学文化水平为基础，大力弘扬以井冈山精神、八一精神、苏区精神为代表的红色文化，培育发展崇尚自然、追求和谐的绿色文化，充分挖掘历史悠久、底蕴深厚的古色文化，传承客家文化、庐陵文化、临川文化、豫章文化等地域文化，激发陶瓷文化、傩文化、书院文化、戏剧文化等特色文化活力，加快人文城市建设，彰显城市独特的文化个性和文化魅力。注重旧城改造中历史文化遗迹和传统风貌等的保护及周边环境治理，促进功能提升与文化保护相结合，传承和发扬优秀传统文化，推动地方特色文化发展，保存城市文化记忆。注重新城新区建设融入传统文化元素，促进与原有城市自然人文特征相协调。加强国家重大文化和自然遗产地、文物保护单位、历史文化名城名镇名村保护设施建设以及非物质文化遗产保护，充分发挥南昌、赣州、景德镇等国家历史文化名城在传承和建设城市主题文化上的示范带头作用。培育和践行社会主义核心价值观，加快完善文化管理体制和文化生产经营机制，建立健全现代公共文化服务体系和现代文化市场体系。鼓励城市文化多样化发展，促进传统文化与现代文化、本土文化与外来文化交融，形成多元开放的现代城市文化。

第二，构建综合交通运输网络。

加快建立适应新型城镇化发展的综合交通运输体系，到2020

年，实现县县通高速公路，85%县域通铁路，快速铁路网覆盖50万以上人口城市；形成以南昌昌北国际机场为龙头的"一干九支五通勤"机场布局，民航机场不断发展，推进低空空域开放，建设一批通用机场，航空服务覆盖全省95%左右的人口，形成安全畅通、便捷高效、绿色低碳综合交通网络体系。

一是加快交通网络建设。以南昌为中心的综合交通运输体系，加强南昌、九江、抚州、上饶等大型城市群与长江三角洲、珠江三角洲、长江中游、京津冀城市群和海峡西岸经济区的交通骨干网络建设，形成对外大能力、高等级快速通道；加快与信江河谷城镇群、新宜萍城镇群、吉泰城镇群、赣州都市区等之间的交通主网络建设，形成以铁路、高速公路为骨干，以普通国省道为基础，与水路、民航和管道共同组成的连接东西、贯穿南北的综合交通运输网络，支撑我省"一群两带三区四组团"城镇化新格局。形成以高铁和快速铁路为主骨架的南昌至各设区市（除赣州）1小时，至长沙、杭州、武汉1—2小时，至上海、福州、厦门、广州、南京、合肥、深圳3—4小时，至昆明、北京6小时交通圈。

二是完善城镇群内部综合交通运输网络。加快建设以快速铁路、高速公路、高等级航道为主体的快速客运和大能力货运网络，构建有效衔接大中小城市和小城镇的多层次快速交通运输网络，提升鄱阳湖生态城市群内部综合交通运输一体化水平，形成鄱阳湖生态城市群内一小时通勤圈。推进其他城镇群内部主要城镇之间综合交通体系建设，逐步形成连通城镇群的快速交通运输网络。

三是构建城市综合交通枢纽。建设以铁路、公路重要客运站和机场等为主的城市综合客运枢纽，以主要港口、铁路、公路重点货运场站、机场和物流园区等为主的城市综合货运枢纽。依托综合交通枢纽，加强铁路、公路、民航、水运与城市轨道交通、地面公共交通等多种交通方式的衔接，完善集疏运配套系统与城市配送系统，实现客运"零距离"换乘和货运无缝衔接。

四是提高中小城市和小城镇交通便捷度。加强中小城市和小城镇与交通干线、交通枢纽城市的连接，实现县县通高速公路。全省铁路运营里程达到5000公里以上，其中快速铁路里程达到2500公里以上，覆盖超过85%的县级以上经济据点，显著提高中小城市和小城镇铁路覆盖率，明显改善交通条件。加快国省干线公路改扩建，提高技术等级和通行能力。建立县（市）域范围内以城区为核心的半小时通勤圈。

第三，强化新型城镇产业支撑。

根据城市地缘、资源环境承载能力、要素禀赋和比较优势，坚持以市场为导向，大力发展城镇经济，优化产业布局，夯实产业基础，强化产业支撑，培育发展各具特色的城镇产业体系。

一是加快推进新型工业化。坚持实施工业强省战略，推动工业化和信息化深度融合、工业化和城镇化良性互动，壮大工业实力，提升工业整体竞争力。加快运用高新技术和先进适用技术改造提升传统产业。大力培育发展航空、先进装备制造、新一代信息技术、锂电及电动汽车、新能源、新材料、生物和新医药、节能环保、文化暨创意、绿色食品十大战略性新兴产业。构建园区产业平台，加快现有园区扩区调区，发展飞地园区，改革园区管理体制，建立产业发展协作和利益分享机制，完善产业配套，促进生产要素向龙头企业集聚、向主导产业集聚、向工业园区集聚，打造一批集中度大、关联性强、集约化水平高的产业集群，形成企业集中布局、产业集聚发展、资源集约利用的发展格局，以产业聚集带动和促进人口聚集。大力实施"千亿产业百亿企业"扶持工程、工业园区提升工程、重大项目推进工程、招大引强工程、企业创新能力提升工程、非公有制企业培育壮大工程、信息化与工业化深度融合工程、节能减排与绿色发展工程八大工程。科学承接产业转移，大力推进"央企入赣"，建设一批特色产业基地、重大工业项目，加快形成以战略性新兴产业为龙头、先进制造业为支柱、生产性服务业为支撑的现代工业体系，不断夯实城镇发展的工业基础。

二是大力发展现代服务业。充分挖掘服务业吸纳就业的能力。

适应居民消费需求多样化，提升生活性服务业水平，扩大服务供给，提高服务质量，推动大城市发展形成以服务经济为主的产业结构。依托旅游资源和生态优势，坚持保护和开发并重，推动旅游业特色化发展和旅游产品多样化发展，全面推动生态养生休闲旅游，突出抓好中心城市旅游，深度开发文化旅游，大力发展红色旅游，培育一批具有全方位服务功能和较强竞争力的旅游集团。加快发展电子商务、文化创意、节能环保、生命健康等新兴服务业。适应制造业转型升级要求，推动生产性服务业专业化、市场化、社会化发展，引导生产性服务业在中心城市制造业密集区域集聚。以金融、现代物流、工业设计和信息咨询等为重点，支持南昌打造全省金融商务区和区域性金融产业服务园、赣州建设赣粤闽湘四省边际区域金融中心，加快一批物流中心、物流园及配送中心建设，建设南昌、九江、赣州、宜春、上饶、鹰潭、吉安等物流集聚区，鼓励形成以企业为主体的工程咨询服务体系，支持发展总部经济。依托中心城区，完善城镇服务业体系，重点培育发展100个现代服务业集聚区和一批服务业龙头企业。

三是不断优化产业结构。强化城市间专业化分工协作，形成大中小城市和小城镇特色鲜明、错位发展、相互协调的产业发展格局。大城市要提高要素集聚能力，着力发展先进制造业和高端生产性服务业，积极培育支柱产业，发展壮大优势产业，大力发展现代服务业，构建有竞争力的产业体系。中小城市围绕集聚人口、扩大就业，发挥要素成本优势，积极发展特色产业、劳动密集型产业和资源加工型产业，推动形成分工合理的产业发展格局。按照布局集中、产业集聚、土地集约、生态环保的原则，依托大中城市的人才、技术、资本等优势，大力发展循环经济、低碳经济、绿色经济，着力发展都市型工业和现代服务业，促进服务业与现代制造业有机融合，完善城镇功能分区，构建城镇产业体系，优化城镇产业结构。

四是着力推进园区城区互动发展。按照产业园区化、园区城市化、产城一体化的要求，统筹园区与新城新区建设，依托城镇发展园区，立足园区发展城镇，推进园区建设与城镇化互动发展。按照"功能混合、配套完善、绿色交通、布局合理"的原则，科学制定园区综合发展规划，加强现有开发区城镇功能培育与改造，实现园区与城区基础设施建设的对接共享，提高园区公共交通的通达性、用水用电用气的便捷性，改善园区生态和人居环境质量。推动企业办社会向园区办社会转变，由工业园区统一建设新型社区，配套建设服务设施，构建完善的社会化服务体系。适时将条件成熟的开发区调整为城市新区。

第四，促进产城融合发展。

营造良好发展环境，实施城市创新驱动战略，发挥信息化引领作用，拓宽创业就业空间，推动产城融合发展。

一是以创新促进融合。依托城市科技、教育和人才资源优势，实施创新驱动战略，发挥城市创新载体作用，推动科技创新与城市发展紧密结合。围绕产业链部署创新链，围绕创新链完善资金链，破除制约科技成果应用的障碍，提升城市创新体系整体效能。建立产学研协同机制，加强产学研结合，加大政府科技投入力度，发挥市场配置创新资源的决定性作用，强化企业技术创新主体地位，建设创新基地，集聚创新人才，培育创新人群，完善创新服务体系，推进创新成果产业化。优化产城融合发展的制度环境、政策环境、金融环境和文化氛围，推动以产兴城、以城促产。

二是以信息化提升融合。根据城市特色，依托产业平台，增强企业生产技术信息化能力，加快传统产业信息化改造，推动制造模式向数字化、网络化、智能化、服务化转变，提升产业发展现代化和信息化水平。应用3S、城市网格、网络通信、智能控制、云计算、3D打印、量子传输等信息技术，构建信息化和城镇化融合发展的城市管理和公共服务体系，全面提高城市的数字化、智能化和现代化水平。发挥信息化在促进产业化与城镇化过程中的纽带作用，推动信息化与产业化和城镇化融合发展。

三是以创业推动融合。发挥城市创业平台作用，充分利用城市规模经济产生的专业化分工效应，完善扶持创业的优惠政策，运用财政支持、税费减免、创业投资引导、政策性金融服务、小额贷款担保等手段，为中小企业特别是创业型企业发展提供良好的经营环境，激发创业活力。支持赣商回归创业、外出务工人员返乡创业、商业和技术人才革新创业，形成崇尚创业、全面创业良好氛围。大力发展多种所有制经济，培育多元化经济业态，增强经济吸纳各类层次就业人员的能力。积极打造"技能+就业"的就业导向型模式，提高用人需求和劳动供给结构匹配度。合理引导高校毕业生就业流向，通过创业就业激励政策扶持，鼓励其到中小城市和城镇就业创业。以创业带动就业，推动产业和城镇发展相统一。

第五，优化城市空间结构。

按照统一规划、协调推进、集约紧凑、疏密有致、环境优先的原则，调整优化城市各类用地结构，改造提升中心城区功能，规范新城新区建设，改善城乡接合部环境，提高城市空间利用效率，提升人居环境质量。

一是改造提升中心城区功能。按照改造更新与保护修复并重的要求，突出完善功能、提升品质和保护环境，健全旧城改造机制，加快城区老工业区搬迁改造，大力推进棚户区、城中村改造，有序推进主要街道立面、下水道、人行道等综合整治和改造，稳步实施旧住宅小区、危旧住房和非成套住房改造，改善人居环境，完善旧城功能，提升城市形象。推动南昌中心城区部分功能向卫星城疏散，培育形成通勤高效、一体发展的都市圈。强化大中城市中心城区现代商贸、信息中介、高端服务、创意创新等功能，提高城市竞争力。完善中心城区功能组合，统筹规划地上地下空间开发，推动商业、办公、居住、生态空间和交通站点的合理布局与综合利用开发。优化市辖区规模和结构。

二是规范新城新区建设。依托高铁枢纽、临空港区、水系廊道、工业园区、产业基地和重大工程等有序拓展城市新区。以人口密度、产出强度和资源环境承载力为基准,严格城市新区设立条件,有效控制新增建设用地规模,有效开发利用地下空间,控制建设标准过度超前,防止城市规模盲目扩大、城市边界无序蔓延。统筹城市新区的生产区、办公区、生活区、商业区等功能区规划建设,推进功能混合和产城融合,集聚产业和人口,防止新城新区空心化现象。

三是改善城乡接合部环境。提升城乡接合部规划建设和管理服务水平,促进社区化发展,增强服务城市、带动农村、承接转移人口的功能。加快城区基础设施和公共服务设施向城乡接合部地区延伸覆盖,规范建设行为,严厉整治违法违规建房,加强环境整治和社会综合治理,加快推进城乡接合部的社区化改造,完善社区基础设施建设,改善居民生活条件。保护生态用地和农用地,推进城乡绿化美化一体化,形成有利于改善城市生态环境质量的生态缓冲地带。

2. 完善支持政策,推进创新发展

一是完善财税政策。中央和地方财政应进一步支持江西沿长江城市群和新型城镇化建设。在城市群规划、项目基础设施建设、产业布局等方面提供必要的资金支持和税收优惠或减免的政策保障。同时,设立省级区域发展专项资金,支持沿长江城市群基础设施建设与维护,支持区域内重大项目建设。加大中央投资对江西生态建设、节能减排、循环经济、污水垃圾处理、战略性新兴产业、重金属污染防治、水利工程、新能源等项目支持力度。此外,积极发挥税收的杠杆效应,研究和制定税收优惠政策,通过给予企业提供各类税收优惠,吸引和鼓励企业投资于环保行业、现代服务业,积极投身于新型城镇化建设。对重点产业园区引进世界五百强企业、中国五百强企业,且企业在园区投资项目符合国家产业政策、投资规模超过一定规模,且按期投产的企业可由所在地政府对园区和企业分别给予一定奖励。

二是投资政策。加大中央预算内投资和专项建设资金投入,支持重大基础设施建设，尽快实现互融互通。在重大项目规划布局、审批核准、资金安排等方面给予相应倾斜。在基础设施建设方面，建设岳阳至吉安铁路、南昌至赣州铁路、赣州至深圳铁路、合肥（池州）至九江铁路、鹰潭至梅州铁路、井冈山至赣州铁路、广昌至吉安高速公路、抚州机场、瑞金机场、赣江新干航电枢纽，推进六安至景德镇铁路、皖赣铁路扩能、九江至岳阳铁路、吉安至建宁铁路、吉安至抚州至武夷山铁路、咸阳至宜春至井冈山铁路、吉安至永安至泉州铁路前期工作。研究规划鹰潭、新余、龙南等机场布局，推进江西低空空域开放试点，规划建设共青城等一批通用机场。在生态文明建设方面，强化生态文明建设物质保障。围绕生态文明先行示范区建设，对区域内投资项目严格管控，注重绿色发展、集约发展、循环发展。

三是金融政策。鼓励政策性银行在国家许可的业务范围内，加大对江西重点发展区域的信贷支持力度，鼓励各商业银行参与江西新型城镇化建设。促进江西地方法人金融机构加快发展，发挥差别准备金动态调整机制的引导功能，支持地方法人金融机构合理增加信贷投放，优化信贷结构，满足有效信贷需求。支持开展保险资金投资基础设施和重点产业项目建设，开展民间资本管理服务公司试点。支持符合条件的企业发行企业（公司）债券、中期票据、短期融资券、中小企业集合票据和上市融资。深化融资性担保公司或再担保公司、小额贷款公司创新试点。大力推进农村金融产品和服务方式创新，鼓励和支持设立村镇银行。

四是产业政策。根据各地区域发展侧重点，结合各地资源禀赋和比较优势，依托现有产业基础，以调整和优化产业结构为目的，培育和壮大新型城镇化的产业支撑体系。为此，政府相关部门应制定《产业结构调整指导目录》，明确本区域的产业发展定位，以产业园区为平台，加快产业集聚，提高产业支撑能力，促进城镇化提档增速。同时，编制专项规划、布局重大项目。严格市场准入制度，建立和完善市场推出机制。

（二）现代产业群建设途径与保障措施

1. 建设途径

一是培育壮大战略性新兴产业。立足现有产业基础和发展趋势，大力推进产业转型升级，加快推进节能环保、新能源、新材料等十大战略性新兴产业发展，打造引领未来经济发展的支柱产业。大力发展节能环保产业，加快发展环保装备制造业。依托资源优势和技术优势，以南昌为核心，萍乡、赣州、新余为重点，构建"一核三区"节能环保产业发展格局，着力打造南昌节能环保产业研发和服务核心集聚区、萍乡环保产业集聚区、赣州资源综合利用产业集聚区、新余节能装备制造和环保服务业集聚区，带动江西省节能环保产业迅速提升和跨越发展；积极发展新能源产业。依托资源优势和产业基础，加强九江、南昌的光伏产业和光伏研发创新平台建设；支持新余、上饶光伏产业跨越发展，打造具有全球核心竞争力和带动力的光伏产业基地；重点扶持赣州、新余、萍乡风电核电产业基地建设；积极推进光伏应用及配套产品、风能核能等新能源产业集聚发展。大力发展新材料产业。依托铜、稀土、钨、钽铌等资源优势和产业优势，以结构调整和产业转型升级为主线，延伸产业链，提高产品附加值和技术含量。大力推进鹰潭和上饶铜精深加工、赣州钨和稀土深加工及应用、景德镇和萍乡陶瓷生产、九江和景德镇有机硅单体生产及深加工、九江市玻纤和粘胶纤维深加工五大新材料产业集聚区跨越发展。支持钨、离子稀土、有机硅等研发基地进入国家级工程（技术）研究中心行列，组建国家级大型稀土企业集团，着力打造铜、稀土和钨新材料产业世界级研发和生产基地。积极发展生物和新医药产业。依托龙头企业和特色产业集群，以生物医药为主导，生物农业、生物制造、生物环保、生物服务、现代中药、生物医学工程等为重点。加快推进南昌、抚州生物医药错位、协同、一体化集聚发展，打造千亿级产业集聚区；做强宜新萍生物产业密集带；大力推进赣州、吉安、九江、上饶等地特色生物产业园区建设。加快发展航空产业。立足自身比较优势和产业基础，主动对接中航工业、中国商飞，以南昌为主导，景德镇、九江为重点，构建"一城二园区"产业发展格局。大力推进南昌航空工业城建设，使其成我国教练机核心基地、航空转包、航空配套设备及零配件加工等重要基地；将景德镇直升机产业园区建设成我国直升机核心基地和航空配套设备加工重要基地；九江红鹰飞机产业园区建设成省级通用飞机制造重要基地。以南昌临空经济区为中心，打造航空物流、航空食品、航空展览等航空服务聚集区。发展先进装备制造产业。以骨干企业为龙头、以特色产品关键技术为突破口，加快推进智能制造装备、轨道交通装备、先进电工装备、高效矿山与工程机械、节能汽车等先进装备产业发展。着力打造南昌先进装备制造产业高端核心区，昌九先进装备制造产业带，赣东北先进装备制造特色产业集聚区，赣西高效矿山与工程机械产业集聚区和赣南等原中央苏区先进装备制造特色产业集聚区。积极发展新一代信息技术产业。抓住国内外产业转移机遇，加快发展以新型电子材料和元器件、智能终端、数字视听和软件、信息服务、电子商务、新型移动转售等新一代信息技术产业，沿京九线构建以南昌、九江市区（含共青城）、吉泰走廊至赣州市为主体的"一核一区一带"发展格局。"一核"重点打造数字视听、软件与信息服务、新型移动通信转售等产业集聚区；"一区"重点打造电子商务、下一代信息网络、智能终端等产业集聚区；"一带"作为"一核""一区"发展配套集聚区，重点发展新型电子材料、新型电子元器件和电子商务等产业。发展锂电及电动汽车产业。依托资源优势和技术优势，走差异化发展道路，快速做强做大锂电产业；以重点项目为抓手，推进纯电动专用车辆、混合动力客车、短途经济型纯电动乘用车及关键零部件技术开发和产业化，支持省产新能源汽车产品列入《节能与新能源汽车示范推广应用工程推荐车型目录》，着力推进宜春、新余、赣州、上饶百亿级的锂电产业集群建设；打造国内乃至亚洲的锂电产业高地和核心区域、国内重要的特色化电动商用车发展基地。创新发展文化暨创意产业。以加强整合开发特色文化资源和健全现代文化市场体系为突破口，加快推进文化暨创意产业规模化、集约化、专业化发展。重点打造南昌综合性创意都市；环鄱阳湖、沿沪昆高速和沿京九铁路三大文化暨创意产业带；赣北、赣东北、赣中南、赣西四大文化暨创意产业基地。大力发展绿色食品。以增效增收和质量安全为目标，着力抓好基地建设、精深加工、品牌培育、市场营销、质量监管等关键环节，进一步优化产业布局，提升绿色食品加工业的规模化、园区化和国际化水平，延长产业链，壮大产业集群，推动绿色食品加工业由初级加工向精深加工、由数量增长向质量提高、由松散布局向聚集区发展转变，着力打造十大省级绿色食品生产及加工基地，全面推进产业优化升级[①]。

二是积极发展特色生态农业。转变发展方式，推进特色农产品基地和现代农业示范园区建设，大力发展优质高产、绿色安全的现代生态农业，提高粮食综合生产能力和保障能力。要努力提高粮食综合生产能力。认真实施《全国高标准农田建设总体规划（2013—2020年）》，严守耕地红线。依托"三区一片"粮食主产高产区，建设全国重要的粮食生产基地。加快农村土地整理和复垦，推进高标准农田建设、中低产田改造和农田水利设施建设、泵站更新改造和建设，提高粮食单产水平。落实国家强农惠农政策，加大对粮食主产区财政奖励和粮食生产项目扶持力度，支持建设国家杂交水稻研究中心，加强宜黄、湘东区等水稻种子繁育基地建设；加快建设特色农产品基地。大力推进畜禽规模化、标准化生产，培育产品品牌，建设全国重要的畜禽产品供应基地。大力发展设施蔬菜、特色蔬菜，着力建设一批全国优质高效蔬菜供应基地。做大做强脐橙、蜜橘、蜜柚等柑橘产业，支持建设脐橙等国家工程

---

① 陶怀引：《我国农业产业区域集群形成机制与发展战略研究》，《中国农业科学院》，2006年6月1日。

(技术)研究中心,建设全国最大的脐橙、蜜橘生产加工基地。大力推进赣南、赣西等高产油茶基地建设,加大油茶示范县支持力度,建设全国重要的绿色油茶生产基地。着力整合做强庐山云雾、婺源绿茶、遂川狗牯脑等区域名茶品牌,建设全国有机茶生产加工基地。加快建设赣西、赣南、赣中等大型花卉苗木基地和交易市场。全力推进现代农业示范园区建设。科学规划建设一批集技术研发、生产示范、信息引领、加工流通、科普展示、旅游观光、餐饮服务、休闲体验于一体的现代农业示范园区。鼓励农民以土地承包权折价入股参与园区建设和经营,有序促进土地向专业大户、经营能手集中,向园区集中。积极引导加工、流通、储运等设施和科研服务力量向园区集聚。支持赣州、吉安、抚州、宜春创建国家现代农业示范区,推进井冈山农业科技示范园、江西现代农业示范园物联网信息技术展示区建设。支持南昌县国家现代农业示范区开展现代农业改革与建设试点,健全现代农业服务体系。加强农业科研、教育、推广体系的基础能力建设,提高粮食经济作物、畜禽良种选育和实用技术推广水平。加强农产品品种改良研究,推进种猪遗传改良国家重点实验室建设,支持建设白莲、高产油茶、樟树等科研中心,加快推进水稻、生猪、脐橙等生物技术服务基地建设。支持南昌超大型农产品展示交易中心、赣南脐橙交易集散中心、鄱阳湖棉花交易市场等大型农产品交易市场建设,扶持农村物流企业发展,加大物流配送中心、农产品批发市场和鲜活农产品冷链物流建设的支持力度。完善农产品质量安全监管和检验检测体系,开展绿色农产品全过程可追溯监管,积极推进农产品质量安全标准示范县建设。加强农业金融与保险服务,完善畜禽保险政策体系,建立生猪价格指数保险,开展脐橙、白莲、蜜橘、稻种等农产品政策性保险。

三是改造提升传统产业。加快淘汰落后产能,大力推进钢铁、石化、轻纺、陶瓷等传统产业绿色转型升级。有效淘汰落后产能。坚持市场调节与宏观调控相结合、市场需求与转型升级相结合、调控增量与优化存量相结合原则，严格落实项目节能审查、环境影响评价等制度，提高能源消耗和污染物排放标准，强化环保、节能、安全生产等产业准入标准，强化差别电价和惩罚性电价经济手段和加大执法处罚力度，坚决遏制产能盲目扩张、清理整顿建成违规产能，淘汰和退出一批落后产能。充分发挥规划引导和约束作用，引导行业结构调整，优化产业布局，指导企业加快转型升级，避免盲目投资，控制过剩产能扩张，通过大力发展战略性新兴产业推进产能过剩行业加快转型升级和遏制盲目扩张。推进传统产业绿色转型升级。加快实施创新驱动、联合重组和搬迁改造，推进传统产业制造高级化、生产低碳化和产业集聚化发展，支持符合条件的相关产业优先列入国家产业结构调整目录。钢铁产业，鼓励以资产为纽带推进联合重组，支持靠大联大实施兼并重组，大力开展节能降耗和清洁生产，着力打造新余、九江千万吨级钢铁产业基地，配套建设国家级创新平台和企业技术中心，重点发展宽幅冷热轧薄板、大线能焊接船板、核电用钢、弹簧钢、预应力钢绞线、无取向硅钢，延伸汽车、家电等六条产业链。化工产业，大力开展产业链循环化改造，推行绿色生产，实施九江石化油品质量提升工程，建设九江千万吨级大型石化基地。依托清江盆地岩盐和星火有机硅资源优势，加快推进500万吨联碱工程，发展氯碱、有机氯等高附加值产品，扩大有机硅单体生产规模和深加工。陶瓷产业，依托景德镇建设陶瓷科技园和国家陶瓷工程技术研究中心，大力推进陶瓷产业技术改造升级，着力打造景德镇高端陶瓷基地、萍乡工业陶瓷基地、宜春高安和丰城建筑陶瓷基地，加快推进园区植被绿化、天然气推广使用、窑炉尾气回收、废弃物再生利用，形成高技术陶瓷和艺术陶瓷、日用陶瓷、建筑陶瓷绿色循环低碳发展的新格局。纺织产业，加快推进产业集聚、自主创新和品牌提升，着力打造国内新兴纺织服装产业基地，重点发展服装、棉纺、针织、化纤及特色家纺五大产业。

四是做优做强旅游服务业。依托红色、绿色、古色旅游资源和区位优势,积极实施旅游强省战略。做强"江西风景独好"旅游品牌。依托革命摇篮井冈山、八一南昌起义、红都瑞金、安源路矿大罢工等著名革命遗址和爱国主义教育基地,联动开发周边景区景点,打造一批"红色摇篮"经典旅游景区。依托庐山、三清山、龙虎山、龟峰等世界文化和自然遗产、世界地质公园,鄱阳湖、庐山西海、仙女湖、万安湖等生态湖泊资源,以及国家森林公园、温泉等旅游资源,打造一批"绿色家园"精品旅游景区。依托江南名楼滕王阁、千年书院白鹿洞、瓷都景德镇、中国最美乡村婺源等旅游资源,开发"观光度假休闲"为主题的特色文化旅游景区。大力实施旅游景区提升工程,加快瑞金、明月山、大觉山、武功山、仙女湖、龟峰、婺源大鄣山卧龙谷、高岭—瑶里等景区创建国家5A级景区步伐,支持景德镇、井冈山、客家围屋等申报世界遗产[①]。打造无障碍旅游协作区。加强鄱阳湖生态旅游区、赣中南红色经典旅游圈、赣东北文化生态旅游圈、赣西绿色精粹旅游圈的相互协作,积极开发旅游精品线路,提升旅游整体竞争力。着力打造"南昌—大庐山—景德镇—三清山—龙虎山—井冈山—南昌"中国(江西)文化山水极品旅游线路。推动跨省旅游协作,加强赣东北旅游景区与安徽黄山、福建武夷山、浙江千岛湖等景区的对接。支持原中央苏区红色旅游列入国家旅游发展战略,以井冈山、瑞金、古田为核心,联动湘赣、闽西革命根据地等红色景区,构建大井冈红色旅游协作区。依托沪昆高铁、高速公路及沿线机场,加强与上海、浙江、湖南等旅游景区的联系,积极打造沿沪昆线旅游黄金走廊。加强旅游基础设施建设。实施红色旅游景区二期规划,加大赣南等原中央苏区革命遗址保护和修缮力度,建设中央苏区历史博物馆、中央苏区烈士陵园、东固革命烈士陵园等红色文化教育基地。加强文化生态旅游、休闲农业、乡村旅游等旅游基础设施项目投入。完善旅游交通网络,积极推动鄱阳至余干至南昌(鄱阳湖)、

---

① 《江西吹响旅游强省建设号角》,《中国旅游报》,2013年11月1日。

上清至饶桥等旅游公路建设，优先建设一批连接旅游景区的道路。支持建设赣江—鄱阳湖—长江旅游水运航道，推进游轮联运。完善旅游服务设施，支持在南昌建设江西省旅游集散中心体系，支持旅游中心城市建设区域性旅游集散中心。科学布局旅游城市和景区的高星级酒店，建设一批综合性旅游购物中心。

五是大力发展现代服务业。依托生态资源优势和交通区位优势，高起点推进现代物流、金融服务及新型养老等服务业快速发展，加快培育新的经济增长点。要努力做强现代物流业。依托交通干线和重要交通枢纽，加快推进骨干物流工程，着力构建赣北、赣东北、赣东南、赣西和赣中南五大物流服务大通道。加快南昌中心物流枢纽和九江、鹰潭、赣州、上饶、新余等区域物流基地建设，规划建设一批现代物流园区、综合性现代物流中心。充分利用长江和鄱阳湖水系航道作用，提升赣江、信江三级通航能力，科学规划建设赣江水道，振兴赣江黄金水道。大力发展铁公海联运，强化与宁波、洋山、深圳、厦门、宁德港和湄洲湾的对接，完善跨区域合作物流网络。加强多式联运物流技术与设施建设，完善集疏运管理体系。大力发展城市共同配送，积极引导传统运输、仓储企业向第三方物流企业转型升级。加快建设赣州综合保税区，推进南昌、九江、井冈山出口加工区整合升级为综合保税区，推进上饶、新余等保税物流中心加强口岸设施建设，提高通关效率。支持赣州、抚州等城市开展城市共同配送综合试点。大力实施"万村千乡市场工程"，完善农村物流配送服务网络。全面提升金融服务业。加快推进南昌省域金融商务区和金融产业服务园建设，支持赣州建设赣、闽、粤、湘四省边界区域性金融中心。促进南昌九江金融同城化发展，取消跨市金融交易中间费用，允许地方法人银行互设网点。鼓励国内外金融机构来赣设立分支机构、第二总部和后台服务中心，研究在昌九设立离岸金融清算中心，促进金融产业集聚。加快地方金融机构业务创新，鼓励拓展业务范围，支持南昌银行等地方金融机构引进战略投资者、改制上市。支持组建省级地方法人银行，稳步发展村镇银行、贷款公司、农村资金互助社等新型农村金融组织，鼓励民营资本依法设立商业银行。发展多层次资本市场，推进有实力的企业上市或进入全国中小企业股份转让系统挂牌融资，鼓励企业进入区域性股权交易市场融资，支持符合条件的企业发行债券。设立稀有金属新材料、有色金属新材料、航空、生物医药等创投基金、产业投资基金，促进优势产业发展壮大。进一步扩大保险覆盖面，支持农业保险、出口信用保险、责任保险等加快发展。建立健全融资担保体系和社会信用体系，鼓励省级担保公司做大做强。大力发展养老服务业。适应老龄化社会的需要，充分发挥生态环境和人力资源优势，打造高品质养老服务业。依托庐山、三清山、龙虎山、靖安中源和鄱阳湖、庐山西海、仙女湖等山水资源，发展避暑休闲养老；依托星子、温汤、资溪、安福、寻乌、安远等温泉资源，发展温泉养生养老；依托婺源、瑶里、流坑等名镇名村资源，发展田园观光养老；依托中医中药及干细胞与再生医学等新兴生物医药技术，发展中医理疗养老。统筹发展城乡养老服务设施，加大对公益性养老的资金补助力度，大力鼓励民间资本参与社会养老设施建设；不断提升养老服务业管理信息化水平，依托国家养老服务信息系统，建立江西省统一的养老服务信息平台；培育一批新型养老产业集聚区和养老产业连锁集团，推动养老产业的市场拓展和商业模式创新。促进养老服务与医疗、家政、保险、教育、健身、旅游等相关产业的互动发展，提升"医、护、养、学、游"一体化的新型养老服务水平。鼓励探索市场标准和行业准入制度，完善养老服务业的税收减免扶持政策，支持有条件的地区建设国家级养老基地。加快发展电子商务。以"宽带中国"战略实施为契机，加快"三网"融合，积极发展增值信息服务、专项信息服务，加快培育面向区域、行业和小微企业的第三方信息服务，推进地理信息服务产业发展。依托陶瓷、医药、电子信息、纺织服装、箱包皮具、特色农产品等特色产业，大力扶持南昌、吉安、赣州、景德镇、新余、共青城、新干等电子商务服务平台建设，完善物流配送、电子支付、信用认证等配套设施，着力培育一批电子商务集聚区，促进电子商务健康发展。支持南昌建设国家电子商务示范城市，鼓励赣州、吉安、新余等有条件的市县申报国家电子商务示范基地。

2. 强化支持政策

一是产业政策。制定推进江西现代产业群建设的产业指导意见，定期修改和发布优先发展的产业、产品、技术与工艺目录；鼓励和支持资源节约和综合利用型项目，在投资、融资等政策上鼓励发展有利于保护生态环境的新能源、新材料、生物医药等战略性新兴产业。实行差别化产业政策，从规划引导、项目安排、资金配置等多方面，给予支持和倾斜。加大企业技术改造和产业结构调整专项对特色优势产业发展的支持力度。对符合条件的产业项目优先规划布局。鼓励航空航天、节能环保、新材料、生物和新医药、新能源等国家重点产业布局的重大项目优先落户江西，建设南昌、新余等国家级航空航天、重大装备制造等产业基地。支持江西实施重大项目带动战略，加快推进技术进步。

研究制定优惠政策，加大中央投资力度，鼓励江西钢铁、石化、轻纺、陶瓷等传统产业转型升级，加快整治存量过剩产能、淘汰和退出一批落后产能。支持江西钢铁企业重组和城市钢厂环保搬迁，采取等量置换方式整合钢铁产能向沿江布局，建设九江千万吨优质钢铁产业基地。实施好九江石化油品质量升级改造工程，建设国家级的九江石化产业园。

为加快推进昌九一体化，南昌市、九江市财政可共同出资成立昌九一体化发展基金，省区域发展专项资金给予适当支持，重点支持《昌九一体化发展规划》明确的十二大工业产业集群和十大服务业建设。对符合省确定的昌九产业发展规划的工业企业，转移并落户到昌九国家级开发区、省级重点工业园区、南昌临空经济区和共青先导区内的，按困难企业给予3年内免征房产税和城镇土地使用税。对省外高新技术企业在我省设立的二级分支机构，或在南昌、九江市投资设立的生产同一高新技术产品的全资子公司，按15%的税率征收企业所得税。对在临空经济区空港枢纽区内设立基地的航空公司、航空油料公司、金融服务企业等给予一定扶持政策。

二是完善产业准入。按照江西省生态文明示范区的功能定位，严格执行国家产业政策，坚决淘汰落后产能，控制新上高能耗、高排放、高污染项目。制定江西省生态文明示范区产业政策导向目录，重点发展生态低碳产业、绿色环保产业、高新技术产业、战略新兴产业等，鼓励和促进低耗能、低污染、低排放、高效益的"三低一高"产业集群发展和做大做强。

三是强化政策导向。建立政策扶持机制，对鼓励发展的产业和项目，实行项目核准备案、土地供应、要素保障三优先。建立准入标准机制，对区内不同区域的项目实行不同的耗能、耗水、资源回收率、资源综合利用率、"三废"排放等强制性标准。建立市场退出机制，对区内不符合功能定位的产业，通过设备折旧补贴、设备贷款担保、迁移补贴等手段，有计划地进行拆迁和异地改、扩建。

四是加大财税扶持。积极争取国家有关部委财政、税收等方面的优惠政策，加大对推进江西省生态文明示范区建设的资金支持。建立生态环境保护支持机制，对五河源头因加强生态环境保护造成的利益损失进行合理补偿。清理对高耗能、高污染行业的税费优惠政策，调整和完善促进再生资源回收利用的税收优惠政策。

五是实行绿色补贴。对从事绿色生产的企业给予财政补贴、税收减免等优惠政策。支持企业到资本市场直接融资，鼓励引导企业构建循环经济和清洁生产体系，对各级各类金融机构支持的节能减排和绿色信贷示范项目给予贷款担保与贴息的优惠政策。

二　限制开发区发展途径与政策规划

（一）农业优势产业带建设途径与支持政策

1. 建设途径

一是建设一批优质农产品基地。结合全省主体功能区规划，优化农业产业区域布局，加快农业产业结构调整，促进优势农产品向优势产区集中，发展规模化、标准化、集约化、绿色环保的原料生产基地，从源头上保证农产品加工原料供给和质量安全。种植业基地重点加强农田基础设施建设，加快高标准农田建设力度和进度，增强综合生产能力。畜牧业基地重点发展"规模饲养、集中管理、统一服务"的生产模式，积极发展多种饲养模式，改变传统饲料结构，建设大规模的高产畜牧业养殖基地，推行标准化饲养①。林业基地重点推进各项林权配套改革，充分利用林权制度改革的成果，做好林业产业争资争项工作，全力推进林业产业基地建设。渔业基地主要在现有养殖基地的基础上进行规划、整治，按不同产品生产需要开展标准鱼池改造，建成标准化健康养殖生产示范基地。

二是大力发展农产品精深加工，培育壮大一批龙头企业。以提升龙头企业为核心，加快推进农业组织化、基地化和品牌化发展，重点发展农产品精深加工，培育农产品专业市场和交易中心，形成产加销一条龙、贸工农一体化的产业经营格局。最大限度地实现粮食增产、农业增效、农民增收，全面开创我省农业农村工作新局面。同时，按照提升一批、整合一批、引进一批、上市一批"四个一批"的思路，积极培育竞争力强、品牌化程度高、规模效益好的市场型龙头企业发展。

大力培育龙头企业。围绕粮食、果蔬、苗木花卉、油茶、毛

---

① 唐华俊、罗其友：《农产品产业带形成机制与建设战略》，《中国农业资源与区划》，2004年2月20日。

竹、生猪、家禽、水产等优势产业，大力发展农产品精深加工，积极打造粮食、畜禽、果蔬、渔业、棉麻（丝绸）加工五大千亿元产业和茶叶、油料、中药材加工三大500亿元产业。通过增资扩股、首发上市、收购兼并、品牌联盟等多种形式，重点培育行业领军企业和巨龙企业，扶大扶强"小巨人"企业，走规模化、集团化的路子，增强辐射力和带动力。

切实做强农产品加工。引导龙头企业大力发展农产品精深加工，拉长产业链条走多层次加工转化增值的路子，提高农产品附加值。

建立完善的配套产业。充分发挥龙头企业集聚带动效应，促进更多关联企业、配套企业向优势区域集聚，引导和帮助分散的小规模农户走上专业化、商品化和企业化经营之路，形成较大的区域规模和产业规模。

三是立足资源优势，打造一批现代农业示范园区。农业示范园区建设是加速农业现代化的重要突破口。各地应立足资源优势和产业特色，把现代农业示范园作为引领农业发展的旗帜，因地制宜布局园区建设。坚持城乡一体、城乡统筹的战略思维，围绕"传统农业向现代农业、农业大市向农业强市转变"的目标，以工业化的理念谋划农业，以项目化的手段推进农业，探索一条以现代农业示范园引领农业转型升级之路。同时，将园区规划与现代农业总体规划相结合，与农业产业结构调整、小城镇建设、环境整治和新农村建设等相衔接，与周边旅游资源相融合，将园区功能从单纯以农业科技示范与推广向现代农业展示、农业科研示范、农业经营创新、休闲体验度假、农产品精深加工等多个方向拓展，充分发挥园区多方面的示范引领作用。

放活机制，制定各类扶持现代农业示范园区建设的政策体系，按照"政府搭台、企业唱戏"的思路，千方百计整合资金，支持园区基础设施、科研设施等建设，搭建起适应现代农业发展方向的创业平台，积极对外招商引资，同时鼓励和引导各种新型主体参与发展，破解园区发展中的各种制约因素，激发发展活力。

突出产业、生态两大特色。坚持自主创新与技术引进、人才引进、智力引进相结合，不断增强园区科技驱动力的同时，重点围绕各地富民产业，努力形成从科研攻关到良种繁育、生产示范、经营创新、精深加工一条龙，集科研、生产、加工、营销于一体的产业发展体系，并积极推动园区建设与全市旅游规划对接，走"农旅结合"之路，大做"特"字文章。

按照"统一规划、统一布局、统一建设"的原则，坚持产业集群发展与现代农业示范园区建设、县域经济发展和小城镇建设相结合，突出"特色、规模、品牌、效益、生态"五个环节，统筹规划、共同推进，集中打造一批集产、加、销于一体的综合示范园区。加强示范园区水、电、路、通信、环保等基础设施建设，加快推广应用智能温室、钢架大棚、喷滴灌、畜禽标准化圈舍以及渔业规格池箱等配套装备设施，满足龙头企业等经营主体公共服务需要，增强示范园区综合承载能力。围绕粮、果、畜、菜、水产品等主导产业和地方特色产业，面向市场需求，引进先进设备、工艺和技术，建立标准体系，提高生产、加工、流通各环节标准化管理能力，提升示范园区发展水平。

四是加快建设重点农产品加工园区。以促进产业集约集群发展为目标，选择农产品优势产区和主要加工及集散地，合理规划、布局、建设一批农产品加工园区，重点建设省级现代农业精品加工示范园，以更加优惠的政策和良好的服务，引导园区内农产品加工企业完善业态，快速向精深高端化方向转型，使精品加工示范园成为促进全省农产品加工业和现代农业发展的重要推动力量。

五是创建一批农产品品牌。良好的生态环境是江西省发展"绿色生态"农业得天独厚的优势。目前江西拥有的全国绿色食品标准化生产基地、绿色食品和有机食品总数均位居全国前列。"绿色、生态、安全、健康"已成为江西农产品的最大特色和亮点。因此，大力发展农业优势产业带，应以提升农产品品质为前提。为此，应把保证和提升农产品质量作为头等大事来抓，加强对农产品品质的监管。在保证质量的前提下，实施以"生态鄱阳湖、绿色农产品"为主题的品牌战略，推进农业标准化生产，打造带动优势特色产业发展的商标品牌。引导和鼓励龙头企业、农民合作社等开展无公害农产品、绿色食品、有机食品和地理标志农产品认证，培育一批"国字号""省字号"绿色农产品品牌。加大集群农产品宣传和推介力度，打响江西大米、水果、畜禽、水产品、毛竹等品牌，提升市场占有率、影响力和知名度。

六是完善农产品流通市场体系。依托全省现有的各类批发市场，引导生产企业与营销主体联合，逐步形成连接省内、辐射全国的农产品销售和信息服务网络。依托铁路、水运、公路等交通网络，鼓励发展现代物流、连锁经营、电子商务等新型流通方式，培育市场流通组织，加强农产品连锁配送中心建设。依托国内知名网站，采取区域直销、产品代理、开设直营店等多种营销方式增加全省农产品的网上销售量。加强农产品产销衔接，组织实施江西农产品拓展省外市场，组织参加国内外举办的各种贸易促销和推介活动，培育壮大江西鄱阳湖绿色农产品系列展销会、中国赣州国际脐橙节以及江西产品全国行等展会经济。

七是强化农业科技支撑。科技进步是促进农业产业结构调整升级、推进农业产业集群建设的内在动力。第一瞄准市场和科技发展的新动向，根据结构战略性调整的需要，重新配置科研力量，合理调整农业产业集群主要产品发展的主攻方向。在不放松粮、棉、油、猪等大宗农产品科研的同时，加强经济作物、养殖业等优质高产高效农产品的科研力量，开展标准化研究，推动科技成果融入标准，并加速科技成果的转化和应用。第二加强各级农业技术推广站建设，强化科技开发和示范，推广成套适用技术。加大各级农业技术推广人员的培训力度，增强应用和推广现有先进、适用的技术集成配套的能力和水平。第三建立健全新型技术成果开发推广机制。把研制者、开发者、推广者和应用者的利益与风险有机结合在一起，加快企业化进程，实行风险共担、利益共享。根据不同地区、不同时期的市场变化，研究开发新的优质高产高效农业技术措施，搞好科技服务，提高农产品的科技含量①。

2. 支持政策

一是土地政策。扎实做好农村土地承包经营权确权登记，健全土地流转市场和服务体系，加大基础设施建设，积极引导土地承包经营权规范有序流转，推动耕地、林地、水面等生产要素向种养大户、家庭农场、农民合作社、农业企业流转，促进适度规模经营。支持和鼓励龙头企业以租赁土地、合作办场等形式开展基地建设。加快培育新型经营主体，充分发挥农民合作社、家庭农场、专业大户等新型组织的作用，发展农民合作社，大幅提高农民入社比重。大力推广龙头企业辐射带动、农民合作社抱团运作、家庭农场自我发展等模式，带动农民增收致富。充分发挥基层党组织和优秀党员创新农业生产经营体制的带头作用，以实际成效调动农民积极性和创造性。

二是财政政策。充分发挥财政资金的导向作用，健全完善财政支农政策，建立农业投入稳定增长长效机制，促进支农项目资金与现代农业产业发展有效对接。完善财政扶持机制，采取以奖代补、先建后补、贷款贴息等多种形式，支持现代农业重大工程建设。完善粮食、油料、生猪调出大县等产业奖励政策，加大对专业大户、家庭农场、农民合作社扶持力度。各级财政支农资金优先向现代农业建设集中安排，基本建设项目优先向现代农业建设集中布局。现代农业、农业综合开发、特色产业发展、乡村道路、土地治理、小农水工程、农村环境整治等各类涉农专项资金，重点对集群产业、农产品品牌创建、农业社会化服务等实施补助。

三是金融政策。整合农业、林业等农业系统优质资产和政策资

---

① 陶怀颖：《中国新阶段农业结构调整的目标评价体系和阶段划分研究》，中国农业大学，2004年2月1日。

源，搭建适应我省现代农业发展的投融资平台，努力提高农业信用管理水平。与金融机构合作，在我省有比较优势的领域，发起和设立若干产业集群发展投资基金。鼓励和引导金融机构创新农村金融产品和服务方式，不断增加对产业集群经营主体的信贷投入，优先满足产业集群经营主体多元化信贷需求，提高贷款效率。加快建立健全涉农担保体系，扶持省农业产业化龙头企业担保公司做大做强。加强财税杠杆与金融政策地有效配合，在全省开展"财政惠农信贷通"融资试点，引导金融机构持续加大对各类新型农业经营主体的信贷投放力度。支持符合条件的集群龙头企业通过境内外交易所发行上市、挂牌"新三板"、引进私募股权投资以及发行各类债券等方式在资本市场直接融资，增强企业发展实力。做大做强农村金融要素市场，充分发挥期货在稳定大宗农副产品交易价格等功能作用，探索设立农村土地交易市场，大力盘活农村沉淀经济资源和企业资产，加大龙头企业信用开发和利用，不断提升我省农业经济资金承载力和融资功能。完善农业保险政策，逐步扩大种植业、养殖业、林业、渔业保险覆盖范围，提高农业保险保障水平。

四是优惠政策。落实和完善农业设施用地、用水、用电以及鲜活农产品"绿色通道"等优惠政策。年度新增建设用地计划适当向产业集群龙头企业和农民合作社加工项目倾斜。兴建农业设施占用农用地的，不需办理农用地转用审批手续。不属于设施农用地范围的，按非农建设用地管理。确需建设的，依法办理建设用地审批手续。严格把握设施农用地范围，按照国家和省对设施农用地的相关管理规定，加强设施农用地的用途管制，规范设施农用地审核。新开发的果园、茶园、菜园、油茶园经认定可视同补充耕地，验收合格后用于占补平衡。支持农业产业集群用水、用电设施建设，优先保障农业产业集群生产、加工用水和用电需求。

五是科技政策。充分利用国家新品种培育重大专项、公益性行业科研专项、科技计划专项等农业重大科研项目资金，加大国家重点基础研究发展计划、国家高技术研究发展计划、国家科技支撑计划等在农业领域实施力度，支持对国内外关键共性农业生产、加工技术进行引进、消化、吸收和再创新。优化配置科技资源，加快构建以国家级创新平台为龙头，以高校科研机构和企业共建的研发基地为主体的科技创新平台体系，给予项目、资金支持，全面增强科技创新能力，着力解决在品种改良、农产品贮藏、保鲜和深加工、农业质量保障标准化技术、农业生产与农业机械化匹配技术等方面制约农业产业集群发展的难题。

六是人才政策。依托重大科技项目、重大人才工程、重点学科和重点科研基地，大力实施"赣鄱英才555工程"和"现代农业人才支撑计划"，推进农业科技人才培育、引进和有效使用。建立多渠道、多层次、多形式的农民技术培训体系，大力推进农村实用人才创新培训工程、农村劳动力培训阳光工程、新型农民培训工程，加大对农民的科技教育和培训力度，提高农村基层干部和广大农民群众的素质，增强农业从业人员推广应用先进技术的能力。完善农业实用人才创业兴业扶持政策，鼓励省内高等院校设置与农业产业集群相关专业，加强专业建设和人才培养，加大优秀农村实用人才评选表彰力度，培养一批觉悟高、技能强、善经营、会管理的新型农村实用人才。

（二）农业特色产业带建设途径与保障措施

1. 建设途径

一是加强区域规划，加快农业特色产业带建设。完善特色产业带功能区规划，积极发展都市农业、休闲农业、外向型农业和生态循环农业。按照发展水平先进、区域优势和产业特色突出、转变发展方式走在前列、规模范围科学合理的要求，做好国家级现代农业示范区申报以及省级现代农业示范区的认定工作。充分发挥各地比较优势和有利于形成产业集群竞争优势的原则，规划特色农产品主产区，进一步明确各区域的产业定位，构建特色鲜明、分工协作、布局合理的区域产业结构。通过加大投入、培育主导产业、调整产业结构、完善产业体系、强化科技支撑等积极有效措施，使示范区农业物质装备、科技进步、经营管理、支持保护、产出效益和可持续发展水平大幅提高。坚持政府引导、突出特色、先行先试、各方参与的原则，鼓励农民专业合作社、农业产业化龙头企业、农民创业带头人、种粮大户等社会力量打造一批高起点、高标准和高水平的"田园场区"（高标准农田、高效经济作物标准园、畜禽水产健康养殖场、农业产业化示范区），通过以点带面、点面结合，有效促进现代农业示范区发展，引领全省现代农业建设。

二是发挥龙头企业的带动作用，促进优势特色产业的整合。引导优势特色产业龙头企业带动产业的整合，是充分发挥产业联动效应、促进未来我省优势特色农业产业发展的重要选择。只有整合产业，才能发展产业集群、打造特色主导产业，才能产生产业联动效应。改革开放以来，我省已经在优势产业中形成了一批规模大、市场竞争强、经济效益好、技术力量雄厚且在全国有着重要影响的龙头企业。因此，要形成全国知名品牌整合产业链，就应以这些大企业和企业集团为龙头，推动产业集群的发展。

三是加大招商引资力度，促进综合开发。近年来，面对新形势，新要求，完成新任务，农业特色产业的发展机会迅猛增加，对特色产品的需求显著增长，国家对农业特色产业发展的扶持力度不断加大。但由于传统农业的劣势，农业对社会资本的吸引力不足，为此，具备发展特色产业的县乡（镇）以农业综合开发项目区为平台，充分发挥"一资"引"三资"的作用，做好项目实施单位各类农业开发项目的包装、宣传、推介，努力吸引更多的外来资本、工商资本、民间资本投入特色产业带、进军特色产业带、开发特色产业带，推进特色产业带农业开发项目建设，不断放大特色产业带农业综合开发效应。

四是加强产学研合作，加快农业科技创新。加强与大专院校、科研院所的技术合作，常年聘请专家、学者为技术顾问，大力推进产学研、农科教协同创新。开展技术培训和现场指导，积极推广集约高效型生产模式，帮助基地引进高产优质品种，切实提高特色产业的科技水平和生产能力。明确科技创新方向，立足省情，面向生产一线，加强农业关键技术突破和成果转化应用。突出科技创新重点，立足建设现代农业，围绕粮食、油料、畜牧、水产、水果、蔬菜等主导产业，开展高产优质、轻简高效、环境友好等关键技术攻关。在防灾减灾、生态安全、食品质量安全等重点领域，形成一批具有重大应用价值和自主知识产权的科技成果。加强农业良种培育和推广，优化种业资源配置，建立商业化育种体系，逐步建立以企业为主体的商业化育种新机制，培育具有核心竞争力的"育繁推一体化"种子企业，提高良种覆盖率。完善种子储备制度，加强种子生产、包装标志、质量安全监测和市场监管。支持建立重大农业气象灾害监测预警系统，增强农业自然灾害预警预报和应急处置能力[①]。

五是强化农业科技推广，提高农业科技含量。强化基层公益性农技推广服务，深化基层农技推广体系改革与建设，建立健全乡镇或区域性农业技术推广、动植物疫病防控、农村经营管理、农产品质量安全监管等基层农技推广机构。鼓励社会力量参与农技推广服务，引导科研教育机构积极开展农技服务，支持科研院校承担农技推广项目。培育新型农业社会化服务组织，扶持和引导农民专业合作社、专业技术协会、涉农企业等社会力量广泛参与农业生产服务。打造一批农业科技实验示范基地，推进粮棉油高产创建示范田、园艺作物标准园和畜禽水产标准化规模场建设[②]。

六是加强农业人才建设、实施"人才兴农"战略。建立健全农业农村人才工作机构，充实农业农村人才工作力量，加大农业农村人才经费投入。加快培育农业科研人才，完善高层次农业科研人

---

① 中共江西省委江西省人民政府：《关于贯彻中央1号文件做好2012年全省农业和农村工作的意见》，《江西日报》，2012年2月9日。
② 同上。

才培养、引进和使用机制，实施农业科技创新人才及团队建设工程，充分发挥高层次人才和创新团队的引领作用。加快培育农业科技推广人才，对基层农技推广人员分层分类开展培训，提高基层技术人员专业水平和业务素质。加大农业职业教育力度，重点定向培养乡镇基层农技推广人员，实施高职涉农专业学生定向培养和学费减免政策，充分发挥农业高职院校培养农业专业人才的积极作用。加快培育农村实用人才，扩大各类农村人才培训规模，培养一批农村发展带头人、农村技能服务型人才和农村生产经营型人才。

2. 支持政策

一是创新扶持政策。将发展农业特色产业带作为推进现代高效农业的着力点来抓，制定出台相关政策文件，增强加快发展特色产业的积极性和主动性。与此同时，紧紧围绕部署要求，认真落实各项扶持政策，优先将我省优势特色产业，纳入农业综合开发项目库，对规模基地实行重点扶持，鼓励企业、合作组织、种养大户加快规模化发展。形成"区域特色突出，区域布局优化，优势产业集群"发展模式，提升特色产业的规模和档次，增强农产品在国内外市场的竞争力。农业特色产业带基础设施投资需求相对增多，因此，政府扶持的农业开发项目资金向特色产业带集聚的同时，建议加大扶持力度，要求相关部门把向上争取的各类涉农项目，原则上向特色产业带倾斜，最大限度地发挥项目的示范作用，以及政策激励的杠杆作用，充分调动广大人民群众特色产业带建设的积极性。

二是加大投入力度。建立"三农"投入稳定增长机制，持续加大财政用于"三农"的支出，持续加大农业科技投入，确保各级财政对农业总投入的增长幅度高于财政经常性收入的增长幅度。策应国家实施中部崛起战略、鄱阳湖生态经济区规划和原中央苏区振兴发展的重大机遇，精心做好现代农业项目谋划、储备、申报、对接和落实工作。加大支农资金整合力度，注重发挥政府资金的带动作用，鼓励和引导农民和社会各方面资金投入"三农"。

三是制定金融财政支持新政策。为加快农业特色优势产业发展,在资金和金融上给予支持。在资金投入上,既依靠市场配置资源,引导社会资金积极投入,又要加强国家政策支持,在财政性建设资金及长期国债资金予以支持的同时,国家政策性银行贷款、商业银行贷款、国外优惠贷款等方面要予以倾斜,逐步提高银行贷款资金投入比重。探索建立支持农业特色优势产业发展基金或产业结构调整基金,同时撬动银行信贷资金重点支持特色优势产业发展。研究对农业特色优势产业金融支持方式,鼓励金融机构根据商业信贷的原则,加大对农业特色优势产业的信贷投入,根据不同产业或项目,实行政策性补贴的低贷款利率。在评估审贷、贷款到位、还款期限、贷款发放范围等方面,给予积极的优惠。

四是强化法制保障。围绕保障粮食及其他主要农产品生产和质量安全、保护农业资源和生态环境、加快农业科技进步、保障农民合法权益、促进农业产业发展等方面,推动农业地方立法,健全农业法规规章体系。深入开展农业法制宣传教育,促进农业法律法规的贯彻实施,提高农业依法行政水平,增强农民群众的法律意识和素养。加强农业综合执法体系建设,改善执法手段,提高执法水平,加大依法治农、依法护农、依法兴农的力度,确保全省农业持续健康发展。

三 禁止开发区(重点生态功能区)发展途径与政策规划

(一)建设途径

1. 推进江西与长江流域其他省份之间的横向生态补偿试点

一是构建跨省流域生态补偿的沟通与合作机制。借鉴新安江流域跨省生态补偿机制试点的有关经验,结合国家长江经济带建设国家战略的有利机遇,积极推进长江流域跨省横向生态补偿国家试点工作,开展长江流域跨省际横向生态补偿。以生态补偿委员会为载体,建立省际常态化沟通与合作平台,定期组织部省际协调与联席会议，就长江经济带跨省域生态补偿问题展开充分磋商与谈判，以期达成体现各方利益的生态补偿长效机制①。

二是构建跨省流域生态补偿的长效投入机制。构建"以纵向财政转移支付为主，横向转移支付为辅，其他资金为补充"的跨省流域生态补偿资金筹集和横向财政转移支付制度，以最大程度地调动长江沿线各地方政府的积极性，实现权、责、利的统一。

三是构建合作共赢、互惠互利的产业发展机制。鼓励经济和科技发展水平相对较高的长江下游省市将节能环保技术和生态型产业向上游地区转移扩散。在产业和技术转移的方式上，可以综合运用园区共建、项目合作、技术培训等多种方式，有助于推动上游地区在推动生态环境保护的过程中实现产业结构、产品技术的跨越式升级，而且有助于下游地区扩大产业发展腹地、实现规模扩张，营造长江经济带合作共赢、互惠互利的一体化发展环境。

四是构建科学合理的生态补偿技术支持体系。加快建立长江流域水质在线监测制度，加强对在线监测设备的监管和校正，合理确定跨界断面监测点；引入第三方权威监测机构，尽快启动应急预警机制；建立信息公开制度，定期公布长江流域各监测点监测数据，实现监测数据透明公开，主动接受社会公众监督。

五是构建生态补偿的激励约束机制。加强中央政府对跨省域生态补偿工作的监督管理，对生态补偿资金的使用效果进行全程严格监督。要加强同级人大对地方政府的监督，将"生态补偿政策是否落实到位"纳入到人大对地方政府工作审议的一项重要内容；进一步改进对地方政府的政绩考核方式，在对政府官员考核中，增加对"出境断面水质达标率""生态补偿资金补偿效果"等的考核，着力引导长江流域上下游地区走向合作共赢。

---

① 王树华：《长江经济带跨省域生态补偿机制的构建》，《改革》，2014 年 6 月 15 日。

2. 建设鄱阳湖湖泊湿地生态补偿示范区[①]

一是界定补偿主体和客体。坚持"谁受益、谁补偿""谁受损、谁贡献，补偿谁"的原则来确定鄱阳湖湿地生态补偿的主体和客体。从补偿主体来看，各级政府和湿地保护的受益者理应是湿地生态补偿的主体。就补偿客体而言，主要包括：一是已为或将为湿地保护进行直接投入或作出特别贡献的主体直接投入者；二是为保护湿地而直接遭受损失的直接受损者；三是因为保护湿地而限制发展机会的受损者。

二是确定补偿标准。综合考虑当地农户维持基本生活标准、政府财力、湿地保护造成的损失以及农户受偿意愿等多方面的因素。同时，鉴于各类补偿对象的性质和利益实现方式的不同，在确定总体补偿标准的基础上，应坚持突出重点和统筹兼顾的原则，分类确定具体的补偿标准。另外，还要建立一整套的湿地生态功能评估和生态补偿考核指标，评估生态功能的大小，考核生态补偿的成效，据此不断调整完善，从而实现补偿效益最大化。

三是选择合理的补偿方式。第一，大力发展乡镇企业，使其成为吸收农业剩余劳动力转移的重要途径。鄱阳湖渔业资源是湖区人民生活的重要来源，水产品及水禽养殖业的加工流通也具有良好的基础，但是与资源禀赋不相称，没有形成规模。因此，可以加大水禽加工产品的投入力度，发展水禽产品加工的乡镇企业，使湖区水产水禽养殖业达到规模经济效益，从而吸纳更多的剩余劳动力就业。第二，大力发展鄱阳湖区生态旅游业。鄱阳湖区的12个县市山岳景观、水域风光、历史古迹和民俗风情等旅游资源分布广泛，具有重大的旅游开发价值。投入资金发展生态旅游业，将鄱阳湖相近、相通并有机结合的附近市县旅游资源作为一个整体进行旅游资源深度开发，建立一个水陆互存、山水相依、城乡共荣的鄱阳湖区

[①] 孔凡斌、潘丹、熊凯：《建立鄱阳湖湿地生态补偿机制研究》，《鄱阳湖学刊》，2014年1月30日。

域大旅游网络，能够为当地提供更多的就业机会，促进地方经济的发展。第三，将中央政府拨付的补偿资金的一半用于直接补贴农户，另一半用于发展地方产业和农户的替代生计。收入水平较低的农户，单户发展能力不强，建议联户筹集发展资金，着重发展经营成本不高、成本回收年限短的地方产业，例如，家畜、肉鸭、水产养殖和旅游工艺品加工等产业。第四，因地制宜，多重补偿方式相互结合。要平衡湿地保护政策的短期利益与长远利益，建议在选择生态补偿方式时，应因地制宜，多重补偿方式相互结合，或者分阶段实施不同的补偿方式，如在较为贫困的地区，可以在采取"造血式"补偿脱贫之后采用"输血式"补偿。第五，为了能够取得最好的生态环境和社会经济效益，地方政府也可以将湿地生态补偿项目同农业发展、饮水安全、水土保持、新农村建设和扶贫等其他涉农资金进行整合，加快农户生产结构的改变和农业劳动力与人口的转移①。

3. 东江源跨行政区生态补偿示范区建设

一是补偿主体。根据我国《水法》和从我国的体制看，对于跨省的生态补偿问题，目前应该坚持政府主导为主、市场调节为辅的生态补偿机制，中央财政应该成为主要支付方。从东江源生态补偿问题的性质来看，根据"谁受益，谁支付"原则，除了源区自身外，就是主要受益的下游广东省。即东江源区的生态补偿主体应以国家和主要受益方广东省为主。

二是补偿方式。从东江源区的经济状况和产业结构看，目前，源区最需要"输血型"的补偿，从长远考虑，也应注重"造血型"补偿。补偿方式应以资金补偿为主。另外，东江源区生态建设和保护的主力之一是农民，只有在他们的收入得到保障之后，才会有长期进行生态建设和保护的积极性，生态建设的成果也才能得到巩

---

① 李芬等：《土地利用功能变化与利益相关者受偿意愿及经济补偿研究——以鄱阳湖生态脆弱区为例》，《资源科学》，2009年4月15日。

固。资金补偿的方式有补偿金、捐款、减免税收、退税、信息担保贷款、补贴、财政转移支付、加速折旧等[①]。

三是项目补偿。将东江源生态功能保护区规划重点工程项目并列为优先支持生态保护项目[②]。

(二) 支持政策

1. 健全自然资源资产产权制度

生态补偿应以明确自然资源产权为前提,加快推动产权制度改革,健全自然资源资产产权制度,界定产权归属,清晰界定产权主体的经济权利,使超越产权的行为、产权转让能通过市场交易得到体现;规范产权交易,使交易价格体现资源环境要素的价值、依据价格规律和供求关系来确定,解决好产权交易的市场供求和市场竞争问题;明确产权保护,对产权的取得、行使及保护范围等实行严格的界定,使自然资源的提供区获得相应的产权收益,使自然资源的占用区支付相应的费用。

2. 开展鄱阳湖湿地和流域生态保护和生态补偿立法

一是加快生态补偿立法进程,为鄱阳湖湿地和流域生态保护提供法律保障。生态补偿立法的缺失是阻碍生态补偿制度实施的重要原因之一[③]。江西省应尽快出台湖泊湿地和鄱阳湖流域生态补偿办法,设立专项基金,明确建立权威、高效、规范的管理机制和具体的法律法规制度,积极开展试点,促使生态补偿工作走上规范化、制度化、科学化、法制化的轨道。

二是征收生态环境税。以建立生态补偿机制依据"谁污染,

---

① 刘旗福、曾金凤、邹毅:《东江源区水环境保护与生态补偿机制探讨》,《江西水利科技》,2013 年 9 月 15 日。

② 胡小华等:《东江省际生态补偿模型构建探讨》,《农业科学》,2011 年 5 月 20 日。

③ 梁爱华、刘先长:《我国生态补偿制度建设面临的困境与路径前瞻》,《科学与管理》,2011 年 2 月 15 日。

谁纳税"的原则，江西省可以率先建立生态环境保护地方税制，对环境污染行为征税，用经济法手段引导企业和个人的生产和消费行为。

3. 加大财政投入力度，建立多元化融资渠道

可借鉴江苏、浙江等省的做法，采取财政贴息、投资补助和安排项目前期经费等手段，设立推进江西鄱阳湖流域生态建设和环境保护引导资金，加大财政资金对生态环保重点建设项目的支持力度[1]；积极探索和采用PPP模式，引入社会资本进入生态环保领域，并明确财政金融保底政策，保证民间资本生态建设投入能取得合理稳定的经济回报；另外，发挥市场在资源配置中的决定性作用，采取政府引导、社会投入、市场运作的方式，拓宽流域生态建设的融资渠道，充分利用现代金融工具，在国际国内资本市场上为流域生态建设项目融资。

4. 树立生态政绩观，创新干部政绩考核机制

首先，要实现干部政绩观的生态化取向，引导树立生态价值优先、整体利益最大化、兼顾当前与长远利益的生态政绩观。其次，要改革完善领导干部考核机制，改进考核方法手段，出台鄱阳湖流域生态建设和环境保护考核指标体系，量化生态建设考核目标；根据主体功能区定位探索设立不同，尽快形成共同承担责任但又有所区别的生态建设和环境保护目标、任务考核体系；加快建立生态问责体系，将生态责任延伸到行政体系内部的每一个部门，实施生态责任追究制度[2]。

---

[1] 万建强、李志萌：《江西建设全国生态文明示范省研究》，《鄱阳湖学刊》，2013年11月30日。

[2] 李志萌：《走出具有江西特色的生态文明建设新路子》，《江西日报》，2014年12月1日。

附件：长江经济带兄弟省市实施区域发展战略与主体功能区战略的经验借鉴

一 武汉城市圈

武汉城市圈，又称"1+8"城市圈，是指以武汉为圆心，包括黄石、鄂州、黄冈、孝感、咸宁、仙桃、天门、潜江周边8个城市所组成的城市群。城市圈的建设，涉及工业、交通、教育、金融、旅游等诸多领域。

武汉城市圈是全国资源节约型和环境友好型社会建设综合改革配套实验区（即"两型社会"），以湖北省省会武汉市为城市群的中心城市，湖北省第二大城市黄石市为城市群的副中心城市，湖北9市（武汉、黄石、咸宁、黄冈、孝感、鄂州、仙桃、天门、潜江）政府部门主动拆除市场壁垒，搭建合作平台。工商、人事、教育等部门承诺在市场准入、人才流动、子女入学、居民就业等方面，建立一体化的政策框架，提高城市圈的整体竞争力。洪湖市、京山县、广水市作为观察员先后加入武汉城市群，三县市将比照城市群成员单位享受相关政策待遇，参加省推进武汉城市群综合配套改革试验领导小组会议，及武汉城市群有关协作互动等活动。

（一）发展现状

1. 武汉城市群基本特征

武汉城市圈是以武汉为核心的单中心城市圈，现有各类城镇

444个,其中设市城市15个,区县城关22个,湖北省重点镇48个,一般街、镇359个。区县城关以上的37个城市中,武汉为100万人以上的特大城市,人口规模高达413万;50万—100万的大城市仅有黄石一个,且规模仅有66万;大量城市的人口规模在50万人以下。武汉作为武汉城市圈的中心城市,人口总量仅占武汉城市圈的25%,而城镇人口占40%,生产总值占50%以上,城镇人口密度和人均生产总值均比武汉城市群平均值高出一倍以上。

第一,武汉城市圈是湖北省产业和生产要素最为密集、最具活力的区域。土地总面积58002平方公里。2005年武汉城市圈人口约3086.7万人,国内生产总值3999.8亿元,完成地方财政收入194.24亿元,全社会固定资产投资1718.13亿元,全社会消费品零售额1890.54亿元(均为现价)。武汉城市圈以占全省31.2%的土地面积,聚集了全省51.2%的总人口、61.3%的国内生产总值、51.7%的地方财政收入、60.6%的全社会固定资产投资和63.8%的全社会消费品零售额,在湖北省经济社会发展中占据着"大半壁江山"的地位,是湖北省人口、产业最为密集的经济区。

第二,武汉城市圈在中西部地区具有较强的竞争力。相对于东部地区,特别是与沿海三大城市圈比较,武汉城市圈无论是整体实力还是平均水平都有较大差距,自身综合实力还不够强。但与中西部各城市密集区相比,武汉城市圈的人口密度、城镇密度、经济密度等各项指标都处于前列;而且作为武汉城市圈的核心城市,武汉相对于其他核心城市拥有较为突出的比较优势。武汉城市圈不仅是长江中游最大、最密集的城市群,更是中西部发展环境最突出、最具发展潜力的区域之一。

(二)武汉城市圈的发展阶段分析

世界城市圈(群)发展的一般规律显示,城市圈(群)是由于科技进步、规模经济效益促使产业与人口在空间上集聚与扩散运动的结果,是城市化发展的必然过程,它是城市化发展到成熟阶段的城市地域空间组织形式，是城市化进入高级阶段的标志。同时，工业化是城市化的根本动力，在工业化发展过程中形成城市密集地区，出现了城市带或城市群，是世界城市圈（群）发展的普遍现象。

第一，武汉城市圈的产业经济发展，基本处于工业化初期向中期过渡阶段。2005 年，武汉城市圈人均 GDP 约 12958 元，折合 1620 美元，三次产业结构比例为 123∶464∶413，三次产业就业结构比例为 12.8∶43.4∶43.8。从收入水平看，按照世界银行经济学家钱纳里等人提出的工业化阶段划分标准，处于工业化初级阶段。从产业结构比例看，与赛尔奎因和钱纳里 1989 年使用多国资料所总结的一般模式进行对比，处于工业化的中期阶段。城市圈内部主要区域之间存在发展的不平衡，其中武汉市处于工业化中期加速发展阶段，黄石、鄂州、仙桃、潜江处于工业化中期起飞阶段，孝感、咸宁、黄冈、天门处于工业化初期阶段。综合分析，武汉城市圈还处于工业化初期到中期的过渡阶段。

第二，武汉城市圈的城镇化发展，已经进入城镇化的高速发展期。2000 年第五次人口普查数据显示，武汉城市圈的人口城镇化率为 47.8%，高于湖北全省的 40.2%，也高于全国的 36.1%。虽然内部各县市的城镇化发展并不均衡，但以武汉市为圆心的半径 100 公里紧密圈层内（后文将专门论述）的县市，其人口城镇化水平均大于或接近武汉城市圈城镇化平均水平。同时，有关统计资料也显示，2005 年湖北省的人口城镇化率为 43.2%，武汉城市圈的人口城镇化率已经达到 50% 以上。从世界公认的城镇化发展的 S 形曲线看，武汉城市圈已经进入城镇化的高速发展期，未来一段时间内仍是区域城镇化发展的重点，将面临来自于内外部巨大的城镇化发展推动，继续高速度的城镇化发展。

第三，武汉城市圈的城镇群体发展，处于城市间弱联系阶段向城市群雏形阶段的过渡时期。根据世界城市群发展的一般规律，城市群的发展阶段可以根据产业经济与城镇网络发育状况分为四个阶段，即孤散中心阶段、城市间弱联系阶段、城市群的雏形阶段、城市群的成熟阶段。其中，城市间弱联系阶段以制造业和公共产业为主，交通和公用事业等第三产业呈上升势头，以钢铁业为主的重工业集聚使城市规模迅速扩大，以铁路为主的运输网形成，加强了城市间的联系，城市格局基本形成；城市群雏形阶段汽车和石油制造业迅速发展，第三产业日益增长，城市职能联系得以加强，地域分布更加广泛，人口规模增长明显，主要城市人口规模达到最高点。从武汉城市圈的发展状况看，城市间弱联系阶段的主要特征完全具备，并已初步具备城市群雏形阶段的基本特征。

（三）武汉城市群的发展特色

第一，武汉城市群城镇群体的发展特色规划。武汉作为全国特大中心城市之一，是全省经济社会发展的龙头。襄阳、黄石、宜昌、荆州、十堰等区域性中心城市要增强经济实力，完善城市功能，扩大承载能力，形成区域特色，带动区域经济发展。其他中小城市应力求做优，在不断增强经济实力的同时，着力提高建设质量。以县城和条件较好的少数建制镇为重点，积极稳妥发展小城镇。深化城市管理体制改革，按市场经济的办法建设和管理城市。加快改革中小城市和小城镇户籍管理制度，消除政策性障碍，促进各类生产要素合理流动。在继续加快发展大中城市的同时，坚持以民营经济为主、以吸引内外资为主、以发展农副产品加工业和劳动密集型产业为主、以发展特色工业为主，着力抓好县域经济的发展。坚持开发式扶贫方针，巩固脱贫成果，尽快解决尚未脱贫群众的温饱问题，加快革命老区和贫困地区小康建设进程。以西部大开发为契机，促进民族地区经济社会全面发展。

第二，武汉城市群城镇群体的发展特色具体实施。武汉城市圈优势产业群根据其产业基础、发展前景以及竞争力水平确定重点建设六大产业群，即：（1）机械制造。以汽车制造为主体的交通运输设备制造业是武汉城市群工业的主导行业，也是现代机械制造业中加工度高、产业链长、带动作用大的行业。利用现有的骨干企业和优势产品来构建现代机械制造产业群，进而提高行业结构层次主要是后加工水平。通过提升武汉及武汉城市群优势制造业的能力，使武汉成为中国内陆地区最为重要的重工业制造基地，在汽车、重型装备等重型制造业领域形成更大更具有竞争优势的产业基地。(2)优势能源。武汉城市圈具有明显的能源和原材料优势，圈域内冶金、电力、石化、建材等行业是城市圈工业的支柱行业群，在城市圈工业的稳定增长和健康发展中发挥着核心作用。巩固已经形成的冶金和电力行业优势，加快钢铁工业的产能扩张和技术、产品升级。(3)高新产业。武汉市大学密集，知识、技术和人才储备优势明显，具有发展高新技术行业的关键性和基础性条件。武汉市高新技术行业起步较早，光纤、光电子设备、通信设备、计算机、医药等制造行业在全国具有一定优势。充分利用武汉科技人才优势，大力发展以电子信息、新材料、生物技术为主的高新技术行业，重点抓好显示器、光电子材料、新兴消费类电子产品的生产和性能升级。确立武汉作为国家光电子产业基地的重要地位，并使之成为我国重要的技术创新和人才培养基地，形成以企业为主体、以高校与科研院所为后盾的多层次、网络化的技术创新体系和加快科技成果转化的孵化网路。(4)农产品加工。紧扣农产品加工业发展的契机，以民营企业和外商投资企业作为载体，促进农产品加工业的再次复兴。(5)建设轻纺产业群。充分利用资源优势和劳动力优势，嫁接以新技术和新工艺，在新高起点上振兴轻纺业。(6)环保产业群。武汉城市圈环保类行业抓住契机，抢占先机，率先发展。一是根据生产领域对污水处理、空气净化等环保设备需求量的增长，大力发展环保专用设备制造业。二是要根据生活领域对人类生存环境改善和提高的迫切要求，积极推进废弃资源和废旧材料回收加工业的发展。

（四）江西省从武汉城市群中可借鉴的发展经验

1. 打造"1小时经济圈"

1小时内就可从武汉抵达另外8个城市，形成"1小时经济圈"，而这只是武汉城市圈蓝图的一角。从武汉到圈内市级城市1小时就可到达。

2. 统一区号

武汉城市圈建设重点放在推进基础设施建设、完善金融服务系统等11项工作上，促进9个城市进一步融合。武汉城市群又称"1+8"城市圈，包括武汉及黄石、孝感、黄冈、鄂州、咸宁、仙桃、潜江、天门9个市，统一电话区号。

3. 认真落实每一步

武汉城市圈和中原城市圈有所不同，它们是卫星城，在一体化方面容易一些，而且昌南和武汉有差异。核心是我们要学习湖北在武汉城市圈建设方面的精神。要起步，真实地起步，一年有一个样子。

江西各城市群之间各自为战，各干各的，缺少大局统一思维。必须找到自己的抓手，既通过政府的协调，更依靠市场的机制，选出一两个突破口。比如交通，比如通信，比如九城市统一的投资环境，统一的投资政策，统一的开放市场。

4. 规划实施策略，加强区域间合作

一是利用长江三角洲的出海通道和国际化平台，加强与长江三角洲主要城市的沟通，特别是加强与以上海为中心的长三角经济区的沟通与联系，加快长江水道开发和沿江公、铁通道建设，探索武汉与上海的航空协作途径，形成武汉城市圈与长三角之间的复合快速直达通道。当前的任务是强化优势，弥补不足，重在寻找先机。

二是主动加快与河南信阳、湖南岳阳、湖北武汉三个省外中心城市的交通快速通道建设，实现"一日交通"联系，扩大辐射范围。

三是积极寻求建立与郑洛汴、长株潭、皖江及昌九景等中部城市群的有效竞合模式，发挥武汉城市圈的区位、交通、科教与自然资源优势，大力发展武汉城市圈的优势领域，避免区域恶性竞争。

5. 五个一体化

一是基础设施一体化；二是产业发展与布局一体化；三是区域市场一体化；四是城乡建设一体化；五是生态建设与环境保护一体化。

二　江淮城市群

江淮城市群包括合肥市、六安市区、淮南市区、蚌埠市区、滁州、马鞍山、芜湖、铜陵、池州（部分）、安庆（部分）10个省辖市。江淮城市群中以合肥为核心，以沿江、沿淮城市为两翼，辐射范围可以达到安徽北部和安徽南部，形成一个真正意义上的省级经济圈。江淮城市群具有三大主体功能，一是安徽省的科教集中区；二是泛长三角的制造业基地；三是我国东中部过渡地带的大城市群。江淮城市群是长三角向西辐射的"腹地城市群"，也是中部地区和东部地区相连的门户，是中部地区东向发展的"门户城市群"。

合肥市：安徽省省会，安徽第一大城市，古称"庐州""庐阳"。安徽省政治、经济、教育、金融、科技和交通中心，中国四大科教城市之一，皖江城市经济带核心城市，合肥都市圈中心城市，长三角城市经济协调会城市，长江中下游城市群副中心城市，是华东地区最具影响力的城市之一。同时也是国家综合交通和通信枢纽之一。

六安市：位于安徽省西部，处于长江与淮河之间，大别山北麓，地理意义上的"皖西"特指六安。江淮分水岭，由西南向东偏北横贯本区，属于淮河流域面积14912平方公里，长江流域面积3064平方公里。

马鞍山：中国十大钢铁基地之一，马鞍山港是长江十大港口之一，是中国重要的钢铁流通基地。马鞍山位于六朝古都南京市的西南侧，市区离南京市区仅有半小时的车程，是"南京都市圈"核心层城市、"长三角城市群"成员城市，也是"皖江城市带"门户城市，还是"全国文明城市""全国科技兴市试点城市"和"国家863新材料产业化基地"集多项殊荣于一身的城市。

芜湖：简称"芜"，安徽省省辖市，位于安徽省东南部，处在长江南岸，青弋江与长江汇合处。下设鸠江区、镜湖区、弋江区、三山区四个市辖区，管辖芜湖县、繁昌县、南陵县、无为县四个县。芜湖是安徽省域副中心城市，与合肥并称为安徽省"双核"城市。

安庆：简称"宜"，又名宜城，安徽省省辖市，位于安徽省西南部，处于长江北岸，安庆港是长江重要港口之一。下设大观区、宜秀区和迎江区三个市辖区，管辖桐城市、怀宁县、枞阳县、潜山县、太湖县、望江县、宿松县和岳西县七县一市。安庆市是国家历史文化名城、国家园林城市和国家优秀旅游城市。

（一）江淮城市群的发展现状

1. 经济发展现状

第一，经济快速发展，实力明显增强。2013年，江淮城市群扶贫开发重点县共实现生产总值2401.6亿元，与2005年相比，年均增长12%。其中第一产业增加值668.2亿元，年均增长6.2%；第二产业增加值1000.8亿元，年均增长17.7%；第三产业增加值757.9亿元，年均增长10.6%。财政收入128.3亿元，年均增长16%。规模以上工业企业数达到2392家，增长1.9倍。规模以上工业增加值2867.7亿元，增长8.2倍。社会消费品零售总额823.8亿元，增长2.9倍。

第二，农民生活改善，社会保障水平明显提高。2013年，江淮城市群扶贫开发重点县农村居民人均纯收入平均为6631.4元，与 2005 年相比，年均增长 12.8%。社会福利收养性单位数达到 702 个，平均每个县区 35.1 个，比 2005 年多 168 个，平均每个县多 8.4 个。社会福利收养性单位床位数 70314 个，比 2005 年多 58332 个，平均每个县区增加 2916.6 个。城镇基本养老保险参保人数 53.8 万人，增加 27.7 万人，增长 106.1%。城镇基本医疗保险参保人数 163.8 万人，增加 120.5 万人，增长 278.3%。新型农村合作医疗参保人数 1721.7 万人，参保覆盖率达到 94.3%，提高 83.9 个百分点。新型农村社会养老保险参保人数 990.1 万人，参保覆盖率 54.3%，提高 52.2 个百分点。

第三，财政支出快速增长，基础设施及民生支出大幅增加。2013 年，江淮城市群扶贫开发重点县财政支出 572.2 亿元，比 2005 年增长 5 倍，年均增长 19.5%。公共财政的各项支出中，农林水事务支出 128 亿元，比 2005 年增加 123.5 亿元，年均增长 45%；科学技术支出 9.3 亿元，增加 8.9 亿元，年均增长 43%；教育支出 131.9 亿元，增加 96 亿元，年均增长 15.5%。财政支出更多的投向公共基础建设领域，为民生改善提供了坚实的基础。

第四，环境保护意识增强，环保建设力度加大。江淮城市群扶贫开发重点县在工业持续发展的情况下，不断加大节能减排和环境治理的工作力度。2013 年工业二氧化硫排放量为 3 万吨，比 2005 年减少 0.7 万吨。森林面积 142.5 万公顷，增加 5.7 万公顷，增长 4.2%。污水处理厂 22 座，增加 21 座，城镇污水集中处理率平均达到 84.1%。垃圾处理站 36 座，增加 27 座。

第五，二三产业发展水平较低。2013 年江淮城市群扶贫开发重点县三次产业结构为 27.8∶41.7∶30.5。与 2005 年的 37.8∶26.8∶35.4 相比，一产下降 10 个百分点；二产上升 14.9 个百分点，三产下降 4.9 个百分点。与江淮城市群三次产业结构 12.3∶54.6∶33.1 相比，一产高 15.5 个百分点；二产低 12.9 个百分点；三产低 2.6 个百分点。表明江淮城市群扶贫开发重点县产业结构虽发生了较大变化，一产占比下降明显，但二三产业发展仍落后于江淮城市群平均水平，三产比例甚至低于2005年水平。

第六，人民生活水平待提高。2013年江淮城市群扶贫开发重点县人均生产总值14824.7元，比江淮城市群低16859.3元，只相当于全省平均水平的46.8%。农民人均纯收入为6631.4元，比全省低1467元，只有江淮城市群平均水平的81.9%。城镇最低生活保障人数15.5万人，占全省的19.8%；农村最低生活保障人数79.7万人，占全省的36.9%。扶贫开发重点县由于基数低发展速度快，但底子薄、基础差，贫困人口仍较集中，与全省平均水平仍有较大的差距。

第七，文化事业发展滞后，养老、医疗等公共领域发展不足。2013年江淮城市群扶贫开发重点县共有剧院影院20座，平均每个县（区）1座。有体育场馆39座，平均每个县（区）1.9座。偏远的乡镇甚至一些县城都没有正规的影院或者体育场馆，远远满足不了居民精神文化生活的需求。医疗机构床位数4.1万个，每万人拥有床位25.6张，比江淮城市群少21.2张。医疗机构技术人员4.3万人，每万人拥有26.9人，比全省少15.2人。各种社会福利性收养单位702所，每万人拥有0.4所。各种社会福利性收养单位共拥有床位7万张，每万人拥有43.4张，比全省少3.4张。养老、医疗等不论是硬件条件还是人员配置仍明显不足。

（二）江淮城市群的发展特色

一是加快"三农"现代化，建设社会主义新农村。提高农业综合生产能力，推进农业产业化，建立新型农业社会化服务体系，加快新农村建设。有序推进农村社区化，科学编制村镇、新型农村社区和土地整治规划，统筹实施村庄合并、新居民点建设和土地流转，引导各类涉农资金和项目集中配套，深入实施"千村百镇"示范工程，高标准建设新型农村社区，创新农村发展体制机制，完善农村基本经营和管理制度，坚持以家庭承包经营为基础、统分结合的双层经营体制。推进农村土地确权、登记、颁证。鼓励农民依法自愿有偿开展土地流转合作，完善征地补偿机制等，充分发挥比较优势，促进城乡区域协调发展，加快城镇化进程。构建现代城镇体系，优化全省城镇空间布局，加快形成以中心城市为核心、中小城市和小城镇为基础的现代城镇体系，着力壮大中心城市，把壮大中心城市、提升城市能级作为现阶段推进城镇化的首要任务，支持合肥建设成为在全国有较大影响力的区域性特大城市，统筹区域发展。

二是构建"一群三区"。一群：全省"黄金地带"，据了解，构想中的"江淮城市群"的主体功能将是全省的制造业集聚区、科教集中区和创新基地，这个地区将会成为全省的"黄金地带"。"三区"：特色产业发展区确定了江淮城市群在省级和国家级两个层面的主体功能。

皖北地区农业、能源资源丰富，突出现代农业、能源工业和生物质经济三大主体功能。皖南区在国家层面属于限制开发区，主体功能是旅游经济和特色产业发展区。大别山区是重要的生态保护区，这里山地土层深厚，林茶资源丰富，在省级层面的主体功能是特色产业和红色旅游产业发展区。

三是突出中心城市的建设。加快建设合肥现代化大城市、加快皖江大发展、促进皖北大开发和皖西快发展、促进皖南大开放的区域发展总体战略，特别是突出了中心城市的带动作用，提出省会经济圈、"马芜铜宜"沿江城市群、"两淮一蚌"沿淮城市群。

四是产业与环境相结合的区域创新探索。从宏观层面，安徽要争取进入国家主体功能区的范畴，站在全国的高度和战略层面，而不能局限于本省。现在正在转变为积极参加泛长三角的区域分工。在产业层面，加强区域自主创新，江淮城市群走创新之路，在夯实产业的基础上，通过产品链优化、拉长产业链条，使产业同构变为产业同享。

(三) 江西省从江淮城市群中借鉴可发展的经验

实践经验，表明城市群要发展得好，必须建立行之有效的区域协调机构以便制定和执行统一有效的竞争规则。立足本省规划要求来促进其有效供给和合理使用形成互惠互利、共建共享的合作平台，设立江西省基础设施发展基金，加快各城市综合交通枢纽建设，有序推进"三网"融合、着力完善城际交通、信息畅通、水电气供应、防灾减灾等现代化基础设施体系，做到交通同网、能源同体、信息同享、环境同治、统一市场要素市场支撑，这些是提升城市群产业竞争力和综合竞争力的关键。

三 长株潭城市群

长株潭城市群位于湖南省中东部，包括长沙、株洲、湘潭三市，是湖南省经济发展的核心增长极。长沙、株洲、湘潭三市沿湘江呈"品"字形分布，两两相距不足40公里，结构紧凑。2007年，长株潭城市群获批为全国资源节约型和环境友好型社会建设综合配套改革试验区。长株潭城市群一体化是中部六省城市中全国城市群建设的先行者，被《南方周末》评价为"中国第一个自觉进行区域经济一体化实验的案例"。在行政区划与经济区域不协调之下，通过项目推动经济一体化，长株潭城市群为其他城市群做了榜样。不与中部六省争龙头，致力打造成为中部崛起的"引擎"。

(一) 长株潭城市群发展现状

1. 长株潭城市群经济社会发展情况

第一，城市化水平不断提高，城区规模逐步扩大。长株潭城市群城镇化水平已达到56.3%，比2005年提高11.3个百分点。长沙形成了一主（河东主城区）、两次（河西新城和河东星马新城）、四组团（暮云、捞霞、高星、含浦）式发展布局，并积极向株洲、湘潭方向拓展。株洲在河西向湘潭方向拓展，天台—粟西组团，规划建设成13平方公里的新城区，并沿长株潭高速公路两侧发展，北上与长沙对接。湘潭则向北朝长沙方向拓展，沿江规划建设20平方公里的新城区，东面则与株洲对接。融城格局使得三市联系更为紧密，互补性日益增强。

第二，产业结构不断优化，示范带动作用逐步显现。在三次产业结构中，长株潭城市群农业历史悠久，工业门类齐全，第三产业比较发达，一些领域的优势已经形成或正在形成。在农业发展上，传统的粮棉油和具有特色的蔬菜、水产品、林特产品等品种繁多，附加值高。在工业发展上，建筑、装备制造、钢铁有色、卷烟制造等行业在全省乃至全国都占有重要地位。在服务业发展上，以长沙为中心，商贸、运输、邮电、金融、科教、旅游、房地产、文化娱乐、信息服务和社区服务等发展优势明显。长株潭二、三产业相对全省而言比较发达。

第三，基础设施不断完善，投资环境逐步改善。建成了一批重点基础设施项目，公路交通、通信、电力、饮水和水利防洪能力明显提高，城市配套设施不断完善。随着轨道交通工程、湘江过江通道工程、湘江长沙综合枢纽工程等重大项目的开工建设，长沙的基础设施将更加完善。武广高铁株洲西站投入运营，干线公路改建提速，炎帝大道、时代大道等建成通车，湘江风光带建设顺利推进，城市品位明显提升。城际轨道交通等一批重大项目加速启动和推进、完成，综合交通体系建设驶入快车道。长株潭市际市域两个"1小时经济圈"加速形成。随着长株潭三市通信升位并网、金融同城和城际轻轨的建设，极大地促进了三市经济融合，为长株潭城市群协同发展创造了良好的基础环境。

2. 长株潭城市群经济社会发展存在的主要问题

第一，长株潭城市群总体实力还不强，产业结构不优。长株潭城市群总体人口超千万，但总体实力与人口相当的北京、上海相差甚远，与广州、深圳等发达城市的差距也较大。由于总体实力不强,难以发挥城市群的带动、辐射作用。从产业结构看,长株潭优势产业链尚未形成,传统产业比重偏大,区域内钢铁、机械、有色等传统重化工业比重较高。

第二,城镇功能拓展不够,公共服务相对滞后,制约城镇扩容提质。长株潭城市群建设和发展有了较大进步,但仍存在资源整合差、功能不全、配套落后、产业薄弱等不足,城市群吸纳农村人口向城镇转移的公共医疗、社会保障、基础教育等制度和服务发展不够完善,制约了城镇扩容提质和城市化进程。

第三,经济结构性矛盾仍然突出,缺乏强大带动力的产业集群和引领未来的战略性支柱产业。长株潭城市群经济产业结构不尽合理,区域内一些支柱产业并不切合本地的资源或区位条件,对当地发展带动不强。化工、冶金等支柱产业的发展空间有限,自主知识产权不多,对引领未来的战略性产业开发不够,已有的科技优势还没有形成产业优势。

第四,资源节约压力较大,湘江生态环境亟待改善。湘江流域云集了电力、冶金、化工、煤炭、建材、纺织、食品、造纸等工业,这类工业的成长发展过程就是不断消耗自然资源,并使景观生态不断受到侵袭和损害的过程。湘江近年枯水频发,沿江城市的供水、航运交通、工农业生产等均受到了较大的影响。环境保护、资源节约与产业发展的有机结合还没有取得实质性突破。

第五,城市群协调发展的体制机制需要进一步完善。长株潭协同发展的规划虽已颁布,但有效实施仍缺乏强有力的措施和手段,三市及各部门之间的行政壁垒也一定程度存在。另外,城市群之间的产业结构趋同,互补性不强,降低了区域经济竞争力。

(二)长株潭城市群的生态文明建设状况及其规划

1. 大力发展现代生态型服务业。重点推进金霞保税物流园、大托铺、九华、石峰四大物流园区建设和长株潭烟草物流中心建设以金蓇及务创新综合试点、国家移动电子商务示范基地。服务外包基地建设为重点，做大金融、工业设计、商务等务业；大力实施文化、旅游精品工程，建设国家动漫产业基地、创意设计基地和文化会展基地。

2. 积极发展现代生态农业。在加强城市群区域内国家大型商品粮基地和优质粮食产业工程建设的特色农产品产业带建设，实现区域内产业优化布局和规模化生产，进一步扩张农业骨干企业的辐射力，做大做强农产品加工企业集群，带动和提升全省农业产业化进程。依托城市群提升都市农业的结合力，突出培育休闲农业、生态农业和观光农业。

3. 加强生态环境治理。生态环境治理是长株潭生态型城市群建设的重要内容。一是全面实施湘江流域水污染综合整治。狠抓"五个一批"（坚决取缔、关停一批违法企业、坚决淘汰退出一批落后企业、坚决停产治理一批污染严重企业、坚决限期治理一批重点污染源、坚决搬迁一批布局不合理企业），坚持综合施策，加大治理投入，加强整治监督，实行严格考核，把湘江流域水污染综合治理作为推进长株潭生态型城市群建设的重要突破口和重要标志来抓，并以此带动全省"两型社会"建设。二是探索重点污染区域治理新方案。三是大力发展循环经济。构建社会、园区、企业三个层次的循环经济体系，建设企业循环、产业循环和区域循环三大循环经济链，争取长株潭城市群整体列入全国循环经济试点，建立城市群再生资源回收利用体系，推进城市垃圾分类收集处理、资源化利用，将长株潭生态型城市群打造成为全国循环经济发展的样板区。四是全面推进生态建设。

4. 构建生态型现代综合交通运输体系。建设"两圈五射"现代交通网，形成以长株潭特大城市为中心，连接岳、常、益、娄、衡五个周边城市的一个半小时通勤圈。"两圈"即长株潭特大城市和周边城市内、外两大交通圈。"五射"，即规划建设长株潭特大城市与周边五个城市相连的多条交通连线，形成以长株潭为中心的城市群一个半小时通勤圈。二是把铁路及轨道交通建设摆到生态型交通体系建设的突出地位。

（三）长株潭城市群发展特色

1. 生态建设工程。长株潭"绿心"创新功能建设和生态"客厅"建设工程，生态林业圈建设和生物多样性保护工程，株洲一江四港等城市生态走廊工程，清水塘、竹埠港地区环境综合整治工程，湿地公园和森林公园（东台山、云阳、法华山、褒忠山、金霞山）建设，浏阳河百里花木示范走廊，酒埠江国家地质公园，虎形山凤形山体育休闲公园，仰天湖生态公园、水府庙水库建设。

2. 湘江生态经济带开发建设项目。湘江生态旅游走廊和沿江防洪景观道路工程（含洲岛景区建设）；城市和郊野整体防洪堤建设工程；湘江沿岸生态镇建设；湘江综合治理工程（包含水源保护地和取水口工程建设、达标排放的排污口统一规划设置）；浏阳河治理及生态景观建设工程；渌水、松雅湖、涟水、涓水、洣水、韶河等流域综合治理工程；湘江沿线联运航运码头和航道建设工程（包括漕溪港、樟树、铜塘湾、凿石、湘潭港和霞凝港三期等）；循环经济示范园（清水塘、吴家巷、下摄司、竹埠港、鹤岭、花亭、坪塘、铜官、宁乡、沧水铺、汨罗等）；生态景观区提质改造。

3. 构建"两型三新互动"。为推进城市群"两型社会"建设，根据城市群现状，借鉴国内外城市群模式发展的成功经验，提出构建"两型三新互动"的长株潭城市群发展新模式。在模式中，针对城市群新型工业化、新型城市化、新农村建设及"两型社会"建设要求，构建了城市群模式的理论创新体系、规划创新体系、管理创新体系和评价创新体系四大支撑体系；同时，基于"两型社会"建设需要，设计了"两型"产业体系、"两型"文化体系、"两型"人居体系、"两型"环境体系和"两型"交通体系五大发展体系。再次，结合"两型社会"建设要求及城市群基础和现状，提出"两型社会"建设中长株潭模式的优化创新思路，包括：保护城市群绿心，打造"绿心"式生态型城市群；凸显地域特色，将湘江作为城市群的生态走廊。

（四）江西省从长株潭城市群中可借鉴的发展经验

第一，打造经济联盟体。区域一体化是经济一体化，而不是行政一体化。长株潭三城一体化绝对不是简单的融城。长株潭城市群中各城市之间巧用生态隔离，长株潭三个城市的中间有一块面积约500余平方公里的生态用地，它包含了石燕湖森林公园等9个自然保护区及风景名胜区，成为3市名副其实的绿色"心脏"，湖南省已把这个区域规划为长株潭城市群的生态"绿心"，之所以称之为"绿心"，源于这里得天独厚的地理和生态优势。

第二，走新型一体化新路。在株洲市硬质合金园一厂房内，一组自动机床刀具产品正在下线。与以往不同的是，该组生产线的动力并非来源于传统的火力发电，而是来自安装在该厂房屋顶的光伏发电机组。株洲市高新区集中连片20MW光伏发电示范项目并入国家电网，这为当地多家工业园区输送了"洁静电力"。在长株潭，像这种走资源节约型和环境友好型路子的产业比比皆是。早在2007年年底，国务院正式批准长株潭城市群和武汉城市圈为全国资源节约型和环境友好型社会，建设综合改革配套实验区。

第三，推进社会综合配套改革实验区。长株潭城市群"两型社会"建设采用了"省统筹、市为主、市场化"的推进机制，在全国率先为"两型社会"进行地方立法、发布"两型社会"建设标准，形成了"两型社会"建设组织领导和协调管理的创新之路。围绕资源节约型、环境友好型的发展理念，6年来，湖南推出8大类制度创新，106项原创性改革，前后关停并转1300多家企业，否决了数百个不合门槛要求的发展项目。

四 海峡西岸城市群

福州是福建省的省会，厦门是我国改革开放后四大经济特区之一，泉州则是福建省的经济中心，吸引了大量台商的投资，经济总量迅速扩大。海峡西岸城市群与台湾隔海相对，既是开展对台合作、促进和平统一的基地，又可在合作中加快发展。加快海峡西岸经济区建设，将进一步促进海峡两岸经济紧密联系，互利共赢，推进祖国统一大业。鉴于海峡西岸特殊的地理位置，国家"十一五"规划纲要明确提出："支持海峡西岸和其他台商投资相对集中地区的经济发展"。海峡西岸城市群是海峡经济区的核心地区，在国家政策的支持下，城市发展、经济合作、对台交流等都会取得更快更好的进展。

（一）海峡西岸城市群发展现状

1. 经济总量

海西城市群经济发展近年来一直呈上升趋势，经济发展势头良好，但经济攀升的势头逐步趋缓。

2. 产业结构

海西城市群的三级产业在趋势上呈现第一产业比重下降，第二、三产业上升的趋势，三次产业结构呈现"二、三、一"分布，目前处于工业化发展阶段，对第二产业依赖程度较高。福建多丘陵地势，又受精耕细作生产模式限制，无法成为长江中下游平原或东北平原的经营模式，使得第一产业比重较低，总产值不高。福建省地处东南沿海，外省人口来福建务工比例很大，"三来一加工"贸易的对外经济相对发达，拉动了第二产业总产值发展，促使第二产业具有一定规模效应，比重相对较高。

海西已经形成一批颇具规模的支柱产业，并且以各内部城市群为中心也已经形成各自的优势产业链。闽江口城市群形成了电子信息产业，汽车及配件产业等产业集群。厦门湾城市群形成了以手机、计算机、视听产品、工程机械等为主体产业集群。泉州湾城市群的产业链则主要以重化工、能源工业、旅游业、轻纺工业、建材业为主。

海西城市群主导产业为机械，电子与石化。主导产业中电子工业占有率最高。

3. 进出口贸易

从进出口贸易总额来看，海西城市群内的城市都是进口总额小于出口总额，对外贸易顺差，外向型经济模式。

4. 利用外资情况

因为对台区位优势，海西城市群在吸引台资方面也具有相对的优势。福建是台商投资中国大陆最集中的地区之一，目前全国4个台商投资区均位于福建省，它们在吸引台资方面扮演了重要角色。

（二）海西城市群发展的制约因素分析

虽然海西经济发展近年来年年呈现上升趋势，但海峡西岸城市群的经济现状从总体看来并不具有优势地位，自身的一些优势并没有完全发挥出来，很多因素制约了这个城市群的进一步发展，总结起来，可分为外部因素和内部因素两大类。

第一，长三角城市群和珠三角城市群两大增长极的影响。两大城市群在一定程度上会为海西城市群的发展起到拉动效应，但其也通过虹吸效应，挤占福建市场，吸走其人才、资本等生产要素，使得海西城市群面临着区域经济发展被产业、资本、市场边缘化的危险；产业资本上，在长三角和珠三角极化效应不断放大的过程中，从外围圈层吸引走的产业与资本将会大于从核心圈层外溢出的产业与资本，原先投向福建的外资和台资将会随着路径逆转而流向长三角和珠三角。市场方面，海西城市群位于市场垂直分工的底层，有被低端化危险。

第二，城市规模偏小，城市化水平有待提高。福建省城市数量少，且规模小（只有福州和厦门两座城市的市区户籍人口超过100万，20万人以下城市15个，其中不足10万人的有7座）。另外，福建省的城市化水平较低，不仅列东南沿海省份末位，而且落后于部分中部省份。

第三,基础设施不能满足经济发展的需要。福建地处珠江三角洲与长江三角洲之间的丘陵山地,有"八山一水一分田"之称,武夷山脉成了福建与这两个市场最密集、经济最发达区域相联系的天然屏障。福建的自然地理条件决定了其在基础设施建设周期偏长、成本过高的实情。

第四,投资环境不尽人意,外资贡献率低。海西经济区利用外资结构,我们发现外商投资的产业主要是劳动密集型和资源密集加工业。而在资金密集和技术密集型产业中外商投资的比例都很小。从总体上来看,福建省的产业规模和总量还偏小;层次还不够高,属于传统产业和劳动密集型产业仍占多数;集群效应不明显,产业链不长、配套能力不强,海西城市群由于长期以来没有一个完整的规划,造成九地市城市功能定位协调的缺乏,各城市只把目光局限于本城市发展,忽视城市、地区之间联系,特别是制造业结构雷同较突出,同质竞争现象明显;由于区域内产业结构趋同性高,就使区域内产业的竞争性大于互补性,背离了社会劳动地域分工规律和客观要求,损害了地区间的合理产业分工,牺牲了区际比较利益,成为产业合作的重大障碍。

第五,产业结构不合理,需要发展第三产业。海西经济区劳动密集型产业、传统产业比重高,高科技含量、高附加值等高新技术产业所占比重低。而且在产业结构调整的过程中,如果出现了调整得不当,使得资源从原本高效率的部门流动到低效率的部门,就会阻碍资源的优化配置,影响效率的改进和整体经济增长的质量和效益。

(三) 海峡西岸城市群发展特色

一是"一带四轴双极多核"的规划。海西城市群毗邻台湾的空间区位优势及其作为两岸交流枢纽的战略地位再次凸显,海峡两岸将形成紧密互动的一体化合作区域。提出海西城市群空间蓝图:形成"一带四轴双极多核"的海西城市群空间结构。"一带":即沿海城镇密集带；"四轴"：即西部山区发展轴、北部福武发展轴、中部核心发展轴 和南部厦龙发展轴；"双极"：即依托一北一南两大中心职能地区形成的福州大都市区和厦泉漳大都市区；"多核"：即多个区域次中心。提出海西城市群的产业蓝图：形成"一带双区四基地"的战略引导型产业空间布局结构；形成三都澳、东山湾两大战略储备地区和闽浙、闽赣浙、闽赣粤、闽粤四大跨省产业发展协调区。"一带"：即沿海产业集聚带；"双区"即北部以福州中心城区、长乐空港和江阴港区组合形成的北部现代服务业增长核心区，南部依托"滨海环湾走廊"，由厦门中心城区、机场新城、泉州中心城区和漳州中心城区组合形成的南部现代服务业增长核心区；"四基地"：即四大工业基地，由北至南依次为福州现代制造业基地、莆田临港重化工业基地、泉州现代制造业基地和厦门高新技术产业基地。勾绘海西综合交通运输体系：形成由高速铁路、城际铁路、普通铁路等组成的区域铁路网格局；建设东南地区和东北地区城际轨道干线；建设对区域发展有重大影响的区域高速干线公路与都市区快速干线，形成布局合理的干线路网系统；形成枢纽机场、支线机场、旅游机场有序衔接、布局合理、规模适度的航空网络体系。

二是强化中心城市建设，构建都市区发展格局。以福州省会中心城市和厦门特区为突破点，以湾区为重点，优化产业空间布局，支撑沿海一线的发展；妥善处理土地开发和生态环境保护的关系，集约利用土地资源，引导人口和产业集中发展；完善区域基础设施网络，引导城市分工与协作，构建闽东北和闽西南城镇发展协调区，加强海峡西岸经济区内部协作，推进与周边省区的对接。保护历史文化资源，提升建设水平，营造区域空间发展特色。

三是构建空间管制区域，进一步明确管制要求。加强对重要交通通道和设施、生态廊道、重要保护岸线、风景名胜区、自然保护区等需要保护和控制空间的规划管理。建立健全省一级区域性规划协调机制，明确各部门各层次规划管理事权，完善规划沟通和协调的途径。推广和完善城市联盟，不断创新跨区域自主协调机制，促进区域合作和协调发展。加强城乡规划的集中统一管理。各类开发区纳入城市统一规划和管理。围绕提升中心城市职能，加快各类开发区规划和建设。

（四）江西省从海峡西岸城市群的发展，可借鉴的经验

第一，统一规划，消除区域行政壁垒。城市群着眼的是区域整体，以区域发展为单元，它强调的是区域内各城市不仅要统一区域规划，而且要统一产业规划，统一服务体系。

第二，因地制宜，集聚发展新兴产业。在中心城市，着力发展后工业社会的朝阳产业，以先进制造业和现代服务业为龙头，升级传统优势产业，改造淘汰落后的高污染高能耗产业，增强产业国际竞争力。

第三，合理布局，建设优良基础设施。城市群的发展，必须大力推进交通基础设施建设，形成网络完善布局合理运行高效的一体化综合交通运输体系。

第四，坚持改革开放，吸引国际高端资源。先进城市群的构建，必须集聚海外先进经济要素和优势资源，以全球的视野谋划城市群的发展，着眼于提高对外开放水平和促进内外源型经济协调发展，更好地实施经济国际化战略；要关注国际产业链的价值分布，运用政府企业和中介组织的联系，加强与国际高端生产厂商的合作，承包更高附加值的软件增值型模块等业务，有效承接国际产业转移；此外，围绕发展目标，积极构建综合实验区，通过积极承接海外产业转移，建设先进制造业基地，发展清洁能源等现代产业体系。

参考文献

［1］《坚定不移沿着中国特色社会主义道路前进为全面建成小康社会而奋斗》，中国共产党第十八次全国代表大会报告，2012年11月8日。

［2］《全国主体功能区规划》，国发［2010］46号，2010年12月21日。

［3］国家发展改革委：《鄱阳湖生态经济区规划》，《江西省人民政府公报》，2010年2月23日。

［4］江西主体功能区规划2013年9月12日江西省发改委网站。

［5］《国务院关于支持赣南等原中央苏区振兴发展的若干意见》，国发〔2012〕21号，2012年6月28日。

［6］《中共江西省委江西省人民政府贯彻落实〈国务院关于支持赣南等原中央苏区振兴发展的若干意见〉的实施意见》，《江西省人民政府公报》，2012年7月6日。

［7］《六部委联合制定国家生态文明先行示范区建设方案》，http：//zouyishang.bl.，2013年12月14日。

［8］《关于依托黄金水道推动长江经济带发展的指导意见》，国发〔2014〕39号，2014年9月25日。

［9］韩学丽：《区域协调发展战略与主题功能区建设》，《商场现代化》，2009年3月1日。

［10］钱龙：《主体功能区建设的经济学理论分析》，《价值工

程》，2009年10月18日。

［11］韦姗姗、黎云鹏：《广西北部湾经济区主体功能区划分研究》，《现代商贸工业》，2010年4月1日。

［12］张锦鹏：《增长极理论与不发达地区区域经济发展战略探索》，《当代经济科学》，1999年11月15日。

［13］《区域经济发展战略》，MBA智库百科，http：//baike.baidu.com。

［14］赵晨颖：《区域发展战略与规划的基础理论综述》，《经营管理者》，2011年5月5日。

［15］张明龙：《区域发展理论演进的纵向考察》，《云南社会科学》，2002年4月25日。

［16］罗丽英：《区域经济非均衡增长与区域经济发展战略的重新选择》，长沙：湖南大学，2001年2月1日。

［17］李世华、张雅芬：《中国区域经济管理研究》，《理论视野》，2004年6月15日。

［18］李学勇：《继续实施区域发展总体战略》，《经济日报》，2012年11月23日。

［19］洪必纲：《区域经济发展战略下的主体功能区建设》，《光明日报》，2011年1月16日。

［20］胡少维：《促进区域协调发展的若干思考》，《开放导报》，2013年10月8日。

［21］《京津冀协同发展规划纲要》，http：//wenku.baidu.com，2015年4月30日。

［22］习近平：《在哈萨克斯坦纳扎尔巴耶夫大学的重要演讲》，http：//cpc.people.com.cn，2013年9月7日。

［23］沈世顺：《"海上丝绸之路"的新内涵》，《东南亚纵横》，2014年11月30日。

［24］廖萌：《打造命运共同体携手共建21世纪海上丝绸之路》，《学术评论》，2015年4月15日。

［25］肖伟光：《依托黄金水道推动长江经济带发展》，《人民日报》，2014年9月26日。

［26］《关于依托黄金水道推动长江经济带发展的指导意见》，国发〔2014〕39号，2014年9月25日。

［27］万钢：《开放创新　促进长江经济带发展》，《中国发展》，2014年12月25日。

［28］沈和：《深挖国家战略叠加的巨大红利》，《唯实》，2015年1月15日。

［29］强卫：《创出发展升级新天地　开启小康提速新征程　开拓绿色崛起新境界　展现实干兴赣新作为》，江西省委十三届七次全体（扩大）会议上的讲话，2013年8月15日。

［30］江西省发展和改革委员会：《昌九一体化发展规划（2013—2020年）》，http：//wenku.baidu.com，2014年9月30日。

［31］王晓春：《双核理论：区域发展的必然规律——关于"昌九一体化"战略的思考》，《当代江西》，2013年8月15日。

［32］中华人民共和国国家发展与改革委员会：《国家发展改革委贯彻落实主体功能区战略　推进主体功能区建设若干政策的意见》，http：//www.gov.cn/zwgk/2013/06/26/content_2434437.htm，2013年7月15日。

［33］黄继妍、张志勇：《新常态下生态文明建设的江西实践》，《西部大开发》，2014年12月15日。

［34］《实施主体功能区战略　建设富裕和谐秀美江西》，江西省人民政府公报，2013年3月8日。

［35］陈新华：《江西省经济发展战略取向的回顾与反思》，《长江论坛》，2003年8月20日。

［36］段娟：《改革开放初期至90年代中期我国区域发展战略转变的历史考察》，《党史文苑》，2009年6月20日。

［37］张深溪：《改革开放以来我国区域经济发展战略的回顾与思考》，《学习论坛》，2009年2月15日。

［38］《中华人民共和国国民经济和社会发展"九五"计划和2010年远景目标纲要》,《中华人民共和国国务院公报》,1996年3月29日。

［39］戴宾:《改革开放以来四川区域发展战略的回顾与思考》,《经济体制改革》,2009年1月25日。

［40］紫蕊:《推进形成主体功能区　促进区域协调发展》,《城市规划通讯》,2007年3月15日。

［41］黄世贤:《在开发与保护中实现经济发展方式的转变——鄱阳湖生态经济区建设两年来的启示》,《江西行政学院学报》,2012年7月10日。

［42］高新才:《中国区域30年发展战略的嬗变》,《社会科学》,2008年11月25日。

［43］孔凡斌等:《鄱阳湖生态经济区发展报告2010—2013》,中国环境出版社,2014年12月。

［44］范恒山:《区域政策与区域经济发展》,《全球化》,2013年2月20日。

［45］江西省人民政府:《关于全力支持南昌发展打造核心增长极的若干意见》,《江西省人民政府公报》,2012年6月23日。

［46］《江西省新型城镇化规划（2014—2020年）》,《江西日报》,2014年7月15日。

［47］江西省人民政府:《关于推进现代农业示范园区建设的意见》赣府发〔2013〕31号,2013年11月20日。

［48］江西省人民政府:《关于整合资金建设高标准农田的指导意见》,《江西省人民政府公报》,2011年8月8日。

［49］江西省人民政府:《关于支持赣东北扩大开放合作加快发展的若干意见》,江西省人民政府公报,2013年7月23日。

［50］陶怀引:《我国农业产业区域集群形成机制与发展战略研究》,中国农业科学院,2006年6月1日。

［51］唐华俊、罗其友:《农产品产业带形成机制与建设战略》

《中国农业资源与区划》,2004年2月20日。

[52] 陶怀颖:《中国新阶段农业结构调整的目标评价体系和阶段划分研究》,中国农业大学,2004年2月1日。

[53] 王树华:《长江经济带跨省域生态补偿机制的构建》,《改革》,2014年6月15日。

[54] 潘丹、熊凯、孔凡斌:《建立鄱阳湖湿地生态补偿机制研究》,《鄱阳湖学刊》,2014年1月30日。

[55] 李芬等:《土地利用功能变化与利益相关者受偿意愿及经济补偿研究——以鄱阳湖生态脆弱区为例》,《资源科学》,2009年4月15日。

[56] 梁爱华、刘先长:《我国生态补偿制度建设面临的困境与路径前瞻》,《科学与管理》,2011年2月15日。